JN165497

宮崎滔天伝

人生これ一場の夢

山本博昭

宮崎滔天《とうてん》伝　人生これ一場《いちじょう》の夢　＊　もくじ

はじめに

明治半ばの日清戦争時のことである。

われらが主役、宮崎滔天が晩秋の名月に誘われて某県某市の郊外を散策中、突然「大隊進めッ」の大号令を耳にした。目を凝らすと人影がある。近づいてみると、彼は弊衣破帽に長靴の出で立ちで、地面に大きな紙を広げて「そうじゃ、この間道を抜けて敵の左翼を衝く。そうじゃ、そうじゃ」と指揮棒らしきものを振り回していた。そしてやおら滔天の姿を認めて「イヤご苦労。敵状はどうだ」とご下問になったのである。

滔天が旅館に戻って宿主に話すと、彼は村雨鐵之丞という男で、おおまかな素性も教えてくれた。俗称「ナポ鉄」。ナポレオンに憧れた鐵之丞の狂名だった。

そこで滔天は書く。「ナポ鉄」の一代記は「実に小説家の筆を借りたい程の事実である」と。しかし滔天は天性的に、政治家とか小説家とか、家のつく人間が大嫌いで、ならば「下手でもまずくても、自分の筆でわが狂友を書いてみよう」と思い立ったのだった。それが、作家滔天の処女作『狂人譚』の作品になった。

私はこの話が気に入って「ナポ鉄」を「滔天」に置き代え、滔天一代記こそ「実に小説家の筆を借りたい程の事実である」と考えた。瞑想一刻。そこで「下手でもまずくても、自分の筆でわが滔天を書いてみよう」とジャンプしたのだった。

滔天は終生、金銭を「阿堵物《あとぶつ》」と賤しみながら、妻子を養うこともままならず、然《しか》り而《しこう》して、これほど自分をさらけ出して志に生きた人間は少ないのではなかろうか。加えて、その活動舞台は、国内はもとより中国から東南アジアへと広がって、およそ屈託がない。私はそんな滔天ワールドに魅かれ、外野席からつい、ちょっかいを出したくなった。とはいっても、それは地層に埋もれた化石の片々から巨大怪獣を復元する作業にも似て、いまどき滔天と取っ組み合うのは大学者か、奇人変人の類に属するのではないか、という気がしないでもなかった。

雑誌『日本及日本人』が「百年後の日本はどうなるか」のテーマで特集を組んだのは、大正九年（一九二〇）の春である。主幹三宅雪嶺が第一次世界大戦の終結（一九一八）を承けて、混迷の時代の知識人に寄稿を募ったのだった。その中に、滔天の一文があった。

謹啓。自覚せる人類の改造運動と無自覚な資本主義者の現状維持の努力とは、相衝突して既に階級闘争の端を開けり。思ふに勢の激する所、不自然なる共産社会を現出せざれば已まざるべし。されど天性自由を生命とせる人類は、長くこの境に安んずるを能わず。改良を加えて、百年後の人類は土地の正当なる分配に依って、生活の安定を農業の上におき、自然的因果律の下に節制ある個人自由主義を基礎とする、理想的自由社会を現出すべし。残念ながら今日除外国たる我が国は、明年も、百年後も、世界の大勢に引き摺られて行くの外はあるまじ。拝復。

（『宮崎滔天全集』）

あの時代。日本では欧米文化が一斉に花開き、「大正ロマン」「大正デモクラシー」のことばが溢れた。普選運動も勢いを増した。一方で、米騒動が頻発し、労働争議も台頭した。シベリア出兵も重なり、社会不安は蔓延していた。「家のものは餓死、我々は戦死、恨みっこなし、気がかりなしで丁度いいか」。滔天が旅先の宿屋で耳にした出征兵士のうめきが、いまに伝わってくるような時代だった。机に向かった滔天の、呻吟する様子が目に浮かぶ。

あれから百年。私たちがめぐり合わせた「いま」になる。

滔天は幸か不幸か、日本の破滅的惨状とその後の驚異的復興を見ることなく世を去ったが、去る日「ナポ鉄」に出会って以来、彼はこころの晴れないままに、「百年後の日本」を見据えたに違いない。大国中国の台頭もあった。

そんな気分がこの乱文の底流になっていることを、まずは読者諸兄姉にご承知いただければありがたい。

第一部　陽炎《かげろう》

「宮崎家のモンは一生、官のメシを食ってはならん！」

突然、父親の大音声が頭の上に降ってきた。幼い寅蔵（虎蔵）はなんのことだかわからなかったが、両親やその場に駆け付けた人たちの異様な動転ぶりから、戦場に出た長兄八郎に何か異変があったらしい、と察した。

その年、明治十年（一八七七）の春先、維新政府軍と薩摩の西郷軍が熊本で激突し、戦闘は九州中南部へと拡大した。西南戦争である。宮崎八郎は仲間を募って西郷軍に味方し、果敢に暴れまくったけれども、時に利あらず。四月六日の夕、球磨川河口で敵兵の奇襲を受けて死んだ、ということだ。

その知らせが荒尾宮崎家に届いたのは、秋の気配が漂い始めたころ。父長蔵は庭に飛び出し、母佐喜は土間にへたり込んだまま、大声でわめきつづけた。宮崎家の奉公人はもとより近くの村人たちが集まって八郎の死を悼んだが、まだ六歳と幼い末っ子の寅蔵には「アニさま」の実感が乏しく、親たちが嘆き悲しむ様子をぽかんと眺めるばかりだった。

遺体も遺品もない八郎の葬祭を境に、寅蔵には宮崎家の空気が変わったように思われた。武骨な父親が日に何度となく寅蔵を抱き寄せて、「豪傑になれ、大将になれ」と頭を撫でた。母親もまた気丈に「畳の上で死ぬのは男の恥です」と繰り返した。村の年寄りは八郎をほめたたえ、「アニさまのようになりなさい」と寅蔵を煽った。

そんな雰囲気だったから、寅蔵はわけもわからず「官軍や官員など官のつく人間はすべて泥棒悪人の類」「賊軍とか謀反というのは大将豪傑のなすべきこと」と信じていた。

荒尾宮崎家

荒尾宮崎家の第九代当主となる長蔵は、明治十二年（一八七九）秋、六十二歳で病死した。佐喜との間に男八人女三人の、合わせて十一人の子をなしたのだが、長蔵が死んだとき、寅蔵の上には二人の姉と二人の兄が残っただけだった。とはいえ、姉は二人ともすでに嫁いで、兄たちもまた親元を離れ東京や大阪で学んでいた。寅蔵本人は村の小学校を経て熊本の中学に進んだ。

宮崎家はもともと肥後有数の豪農資産家だったが、長蔵は家産の多寡に関心がなく、武者修行に出かけたり貧民救済に資金を注ぎこんで、晩年の家政は収拾がつかないほどの状態だった。しかし、佐喜は寡婦となったのちも、代々の家人とともに、荒尾宮崎家を守り抜いたばかりか、息子たちの学業を懸命に支えた。寅蔵の半生記によると、ある日、彼が学資をねだりに家に戻ったとき、母親がこっそり家人を使って布団や蚊帳を質屋に運ばせているのを目撃してショックを受け、部屋にこもって泣き伏した、とある。それも一度や二度のことではなかった、ということだ。

寅蔵は中学を退学した。

家計の問題ではない。在校生の大半が官吏になることを目指していたからだ。かねて兄たちが敵と見なし、泥棒悪人の類と嫌悪してきたものではないか。加えて、小学校でもそうだったが、習字や作文の時間に「自由民権」を乱発して校長や教師ににらまれ、学友とぶつかった。

夜襲に脅えた寅蔵は、在学一年余で学寮を脱走した。

寅蔵は、郊外の大江義塾に転学した。徳富蘇峰の家塾で、自由民権思想を鼓吹しているのが気に入った。実際、入門してみると、教育は自由放任で、弟子たちは塾長を「先生」

といわず「猪《い》一郎《いちろう》さん」と呼んでいた。塾則なるものも、塾生が自分たちで設けた。完全な自治制だった。「猪一郎さん」はフランス革命史などの講義をしていた。しかし、その最中でも奇声が交錯した。剣舞を始める者あれば、詩吟をうなる者もいる。庭では竹刀の稽古に気合いが入った。昼も夜もなかった。

　なかでも寅蔵を驚かせたのは、毎土曜の演説会の光景だ。年長者はもちろん、「十二、三の鼻垂坊」までが競って壇上に上がり、身振り手振りよろしく、ロベスピエールやダントン、ワシントンやクロムウェル等々を弁じたてるのだ。これには、さすがの「先天的自由民権主義者」も顔色を失った。彼らが自在に操る西洋の英雄の名前など、寅蔵にはまったくなじみがなかった。

　寅蔵は以来、土曜演説会の演壇に脅え、仮病や遠出を口実にして極力、出番を避けようとした。彼は「大将・豪傑」「賊軍・

大江義塾跡（奥は旧徳富家屋敷）

徳富蘇峰

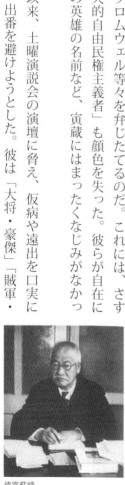

謀反」以外に、ことばを持ち合わせていなかった。

自分はとてもついていけない。寅蔵は塾則を破ってひとり町に出た。酒をあおり鶏や牛肉を食った。塾長宅の飼鶏も犠牲になった。度重なるうち、仲間に見とがめられ、身辺に険悪な空気がただよった。寅蔵は、大江義塾を脱出する決意を固めた。故郷の母や兄たちには、「ドイツ学を勉強する」とごまかして、長崎から船便を使った。寅蔵は白鞘の刀二本を背負った異様な姿で、鹿鳴館時代の幕開けに華やぐ東京に踏み込んだ。

上京

寅蔵はまず、安宿を求めて同郷人を頼った。おそらく事前に手紙でも送っていただろうが、何よりこの男の風体に驚いた。顔色は病的に青白く、頭髪は横分けにかき撫で、首から足元まですっぽり白っぽい絹布をまとって登場した。昔日の面影はなく、まるで幽霊だ。寅蔵は銭湯を付き合ったが、顔にシャボンを塗りたくるサマは吐き気を覚えてがまんならず、早々に逃げ出した。

次の寄宿先は小石川の、とある某私塾の共同部屋に落ち着いた。いまさら学問をするつもりはないが、わりと安い借料で「幽霊男」から身を隠すことができるのが何よりだった。

ところが、思いがけないことにこの裏町で、大江義塾の同窓先輩にばったり出会う。荒木某君といった。彼はたまたま寅蔵が寄宿した塾に通学していた。これが縁で、ふたりの肥後ことばに活気が出て、「猪一郎さん」や旧友の思い出話ですっかり意気投合し、名所見物にもそろって出かけるようになった。

ある日曜日の夕方。いつもの散歩の帰りに、荒木君がキリスト教会に立ち寄ってみようと、寅蔵を誘った。堂内に入ると、人々がオルガンの旋律に合わせて讃美歌なるものを歌っていた。おそらく初めて耳にする、その調べのなんと流麗なこと。寅蔵は終始、歌っている人たちの穏やかな表情に見とれて、これまでにない感動と羨望をおぼえた。

寅蔵は夢見心地で教会を出た。荒木君と別れたあと、聖書を買った。そして、安宿にこもって夜も昼もなく、読んでは泣き、泣いては読み、の一週間で、ついに通し読みしてしまった。同宿の連中は「伝道師になるのか」とからかったが、相手にしなかった。

次の日曜日がめぐってきた。今度は寅蔵の方から荒木君を誘って、教会に行った。それも朝の礼拝から。そしてまた夕方の集会に加わって、讃美歌でこころを鎮め宣教師の話を聴いた。幸せな気分に浸って教会を出ようとしたところ、思いがけず、さきほど壇上にあった外人宣教師に声をかけられた。「あなたは神様の恵みを受ける人です。神様のこと、キリスト教のこと、なんでも話しましょう。私はフシヤ（チャールズ・フィシャー）といいます。築地の四番館にいますから、いつでも遊びにいらっしゃい」と。

寅蔵は次の日、朝飯を終わると早速、外人居留区のフシヤ邸を訪ねた。師は喜んで寅蔵を迎え、家族みんなでもてなしてくれた。よほど、相性がよかったと見える。これが機縁となって、寅蔵はしばしばフシヤ邸を訪ね、本人から直々にバイブルの個人講義を受ける一方で、夫人からは日常の英会話を学ぶ特典を得た。

夏になった。フシヤ師は家族とともに避暑に出かけた。共同宿舎の方も閑散として、あとは行き場のない貧生がゴロゴロしている。その中で寅蔵はバイブルを友として、キリスト教の勉強に励んだ。彼は何につけ熱中すると、他はいっさいおかまいなし。暑さも寒さも、そうだった。

そこへまた突然、大江義塾の塾長「猪一郎さん」が上京し芝浦の邸に滞在中、という話が伝わった。寅蔵はいわば大江義塾の落ちこぼれ。塾長や学友に迷惑をかけたまま学舎を脱走したという負い目があり、この機会にお詫びしたいと芝浦を訪ねた。すると、「猪一郎さん」は相好を崩して寅蔵を迎え、寅蔵がキリスト教の勉強に熱中していると知って、その場で友人の小崎弘道師を紹介してくれた。

その上、寅蔵は、「猪一郎さん」の邸に数日寄宿して小崎師の門に通うという、思いがけない展開になった。小崎師は熊本藩士の出で、熊本バンドの人たちと同志社で学び、のち上京して霊南坂教会や番町教会を残した人である。

番町教会

寅蔵は明治十九年（一八八六）十月、東京専門学校（のち早稲田大学）の英語科に進学した。同じころ、「猪一郎さん」は大江義塾をたたみ、家族ぐるみ東京に移住してきた。あとを追った塾生も少なくなかった。ほとんどが初めての都会生活。先住人の寅蔵に期待がかかったのもムリはない。

寅蔵は東京へ出て以来、実家から月々六円の仕送りを受けていた。これで生活を賄うのだが、本人の記録によれば、食糧三円、月謝一円八十銭。残り一円二十銭が筆紙墨料と小遣い銭になる。間食の焼芋代もままならない。そこで、仲間と相談して、近所のしる粉屋に月二円五十銭で食事を賄ってもらう約束ができた。五十銭の余裕は大きいと喜んでいると、一カ月で約束は反故になった。しる粉屋は「大食するので引き合わない」といった。次いで散髪屋に相談を持ちかけた。こちらも一月後、賄い契約を破棄された。理由は同じだった。

窮余の一策。都心を離れた豊島村に六畳一間の小屋を借りて、みんなで自炊しよう、という話になった。大江義塾の同窓五人が手を上げた。人は「五貧軒」といったが、見かけはともかく生活の場は確保できた。議論するにも気兼ねがない。

小崎弘道

寅蔵は毎週日曜日、ここから都心の番町教会へ通った。小崎師の説教を聴き、讃美歌を歌い、バイブルを研究することが、一番の楽しみになった。ある日、小崎師に呼ばれて「洗礼を受けてはどうですか」といわれた。ありがたい話だったが、もともとキリスト教に導いてくれたのはバプテスト派のフシヤ師である。そのことを話すと、小崎師は「もっともだ。でも、フシヤ君の教派と私の教派はとても近い。君の好きなようになさい」といった。小崎師はプロテスタントの日本組合基督教会に属していた。

寅蔵は初めて、キリスト教にもたくさんの派があることを知った。が、それほど深く考えず、小崎師に従って洗礼を受けた。そして、信徒の仲間入りした喜びを伝えようとフシヤ師を訪ねたところ、様子が違った。フシヤ師は洗礼の義について長々と話し、「あなたは組合教会の洗礼では救われません」と断言した。寅蔵はあらためて勉強不足を恥じたが、あとの祭り。でも、「神の子」になった喜びは大きく、胸躍る思いで豊島村へ戻った。

寅蔵はその夜、なかなか寝つけなかった。突然、故郷の母を思い出した。六十の高齢にして、まだ福音を耳にしたことはないはずである。この喜びを母とも分かちたい。そう思うと、じっとしておれなくなって、寅蔵は郷里へ向かった。

母親は、寅蔵の突然の帰郷に驚いた。が、寅蔵はあいさつもそこそこに、キリストの教えを説いた。きちんと説明して、母を納得させるほどの知識はない。「泣いては祈り、祈りては泣き、ついに祈禱と涙とを以って母上を征服せり」と書き残している。

母親はもろい。末っ子の熱意にほだされて「わかった」といっただろう。山林を売ったカネを餞別に代えて、「安心して勉強しなさい」と送り出した。

東京へ戻った寅蔵は、小崎師の指導の下、毎日、朝から晩まで、握り飯とバイブルを携えて郊外地区の布教活動に従事した。学業については報告がない。

パンか福音か

明治二十年（一八八七）秋、寅蔵は一兄民蔵の要請で荒尾に戻った。二兄彌蔵も一緒だった。数年来の凶作のため、家運はおおいに傾き、学資を送りつづけることも難しいという。折しも、彌蔵は中国革命を構想していたところで、寅蔵も協力を惜しむものではなかったが、実家の経営が苦境にあってはどうしようもない。実際、荒尾宮崎家の資産は半減していた。村全体が疲弊していた。

農民は三度の飯にこと欠いた。金貸業者は土地を取り上げ、農民の唯一の財産である馬さえ奪い去った。寅蔵の記憶では、数十人の小作人が家に詰めかけて窮状を訴え、泣きついて徳米を値切り、なかには酒を帯びて暴言を吐く者もいた。しかし民蔵兄は怒るどころか、静かに農民の話に耳を傾けた。寅蔵が初めて見る景色だった。

寅蔵は「パンが先か、福音が先か」と兄に尋ねた。すると民蔵は、空を仰ぎながら「慈善的救助は姑息なやり方に過ぎぬ。まずは小作人の権利を回復することだ」といった。民蔵はのち、「土地復権同志会」を組織し「土地均享論」を主張した。その思想は、孫文の三民主義にも反映された。

寅蔵は半年余り実家にとどまった。連年の天候不順で農山村は荒れ放題になって、宮崎家もかつてない困窮を強いられた。家長の民蔵に加え母親の佐喜まで体調を崩し、ために、彌蔵、寅蔵の出番もやたらと多かった。


翌春やっと実家から解放された寅蔵は、正則熊本英語学校に入学した。著名な神学者、海老名弾正が校長のときで、寅蔵もその教えに接した喜びを記しているが、なぜか数月在籍しただけで、次の年、長崎のカブリ（加伯里）英和学校というメソジスト系ミッション・スクールに転学した。校名は、学校創立に関わった寄金者の名に由来する。学生

海老名弾正

は百余人だった。

寅蔵は学業に専念した。宗教哲学や社会学に取り組んだ。学問は奥が深い。一つを知ると、また一つ疑いが生まれる。次から次に疑問が膨らんで、果てることがない。ところが寅蔵はあろうことか、キリストの神性を否定する、という結論に到達したのである。

理に従えば、教会に留まることはありえない。「祈りなき人」にならなければならない。そう思ったときの、衝撃のすさまじさ。どうして、キリストの贖罪を求めることができるだろう。「祈禱の山」にこもって一週間。感情と理性が交錯する中で寅蔵は号泣した。

宿舎へ戻ると、彌蔵兄から手紙が来ていた。開いたところ、なんと、彼もまたキリスト教に疑義を覚え信仰を捨てた、とある。「奇なるかな!」。寅蔵はついに、キリストへの残り一分の未練を断ち切った。

怪老イサク

出島にとんがり帽子の教会堂があった。ステンドグラスで彩った建物の内部は、それだけで十分明るい。加えて、祭壇へ向かう通路には大型のストーブがあって、薪が勢いよく燃えている。寅蔵が立ち寄ったとき、ストーブのまわりに人垣ができていた。

覗いて見ると、教会の宣教師と風采の上がらない老齢の外国人が何やら激しく言い争っている。老人は油紙の雨合羽をまとって座り込んでいた。顔は茶まだらのひげに覆われ、髪はバサバサ伸び放題だ。合羽の下の外衣も色染みて、雪を払ったのか、足元はビショビショになっていた。素足のまま、身震いしながらストーブに手をかざしていた。

双方、早口でまくしたてているため、寅蔵にはよくわからなかったが、宣教師は「銀貨一枚をくれてやるから、さっさと出て行け」といい、老人は「願わくはパンを与えよ」と応酬しているらしい。

教会の儀式が始まると、信徒はそろって式場へ移り、老人は濡れたままの草履を履き直して教会を出て行った。寅蔵は後方に席を得て、説教にうなだれ讃美歌を口ごもったが、

旧出島聖公会神学校

さきほどの老人が気になって仕方がない。彼は何者だろう。寅蔵はその日の午後、親友を誘って老人の探索に出かけた。

老人は、学校の真下の十善寺というところの、二階建てのあばら家にいた。上階が彼の住まいらしい。空き箱の上で何か書きものをしていたようだが、声をかけると、背を向けたまま「カムイン」と中へ入れてくれた。畳がないので下駄を履いたまま居間に上がった。実際には部屋中に雑物が散乱して、客はそれぞれ自分で空間を確保しなければならない。そのため、寅蔵は何をしに老人を訪ねて来たのか、危うく忘れるところだった。

そのうち、老人が「いま宗教について書いていたところだ。読むから聞いてくれ」と紙片を取り出し、滔々と読み始めた。声は次第に高く大きく、身振り手振りを伴って表情豊かに展開した。残念なことに、英語を習い始めたばかりの寅蔵には、老人が何をいっているのか、ほとんどわからなかった。

ここで、友人が巻煙草に火をつけたのがまずかった。老人はとたん、立ち上がって煙草を取り上げ、窓外へ投げ捨てて、「バカもん」のひと言で客を追い出したのだった。

次の日、寅蔵と友人は詫びる気もあって、また老人宅を訪ねた。すると、老人は「わが友よ」と上機嫌で二人を迎え、煙草だけでなく人が手を加えたものはすべて害毒であると、懇切に教えてくれたのである。

老人はイサク・アブラハムといった。

この日の話によると、北欧スウェーデンに原籍があり、アメリカで生まれ育った。そこで多少の資産を蓄え妻子もあったが、突然、思想に変調をきたして家族と別れ、財産を人々に分け与えて、ひとり日本へ来たということだ。鏡磨きやハサミ研ぎで生計をたてている由。「時には人サマの喜捨を受ける」といって、快活に笑った。話題は宗教に始まって社会、文化、人生観へと広がり、淀むところがない。

イサク老のあばら家講演は、二時間余に及んだ。この場で寅蔵が得た知識は、この老人は決して肉食をしないこと、人工的な畳を避けて土間で寝ること、そして「共夫共妻主義」を実現しようと考えていること、だった。少し疲れが見えたため、寅蔵が腰を上げようとしたところ、「ちょっと待て」という。そして、物入れの箱を手元に引き寄せて「ここに銀行の手形がある。中央アジアに理想郷を築くための蓄えだ。その時は貴君を連れて行こう」といってくれた。寅蔵は「いずれまた」と別れたが、人々のいう「狂乞食」のイメージではなかった。

寅蔵は帰り道、イサク老の語りを反芻するうち、彼が思い描く世界は「究極の脱文明、無政府社会ではないか」と想像した。

長崎製糞社

寅蔵は棄教の決意を固めたあとも、カブリ学校の宿舎に居残っていた。一つ部屋に四人が寝起きしていたが、ごくふつうの付き合いにとどまったから、寅蔵の方から進んでここの転変を話すことはなかった。とはいえ、そんな自分が突然たまらなくイヤになって町へ飛び出し、その名も「製糞社」と称して粋がっているおとなに紛れ、深酒をすることも二度三度と重なった。

製糞社とは、読んで字の如し。社名以上の含みは何もないと開き直って、代言人の佐藤龍蔵が社主となり、溜まり場を提供していた。佐藤は宮崎兄弟と同郷。長兄八郎と親しかったこともあり、長崎時代の寅蔵は佐藤のもとによく出入りした。遠縁の一木斎太郎あたりが引き合わせたのかも知れない。寅蔵がのちに「一世の奇を以って鳴る」とした新聞人の鈴木天眼、則元由庸《のりもとなおつね》らも製糞社同人で、ヒマさえあれば佐藤の家に集まって奇説怪論を競い合っていた。二、三人のときもあれば十人ぐらいに膨らむこともある。

製糞社のある日。寅蔵が弁士となって「ヘンな外人」の話をした。教会で見たイサク・アブラハムの一件である。最初の印象がとても強かったと見える。あのとき見たこと聞いたことを、少々脚色しながら、おもしろおかしく話した。話し終えて寅蔵が酒に手を出そうとしたところ、「それからどうした」「その乞食先生を呼んで来い」という展開になった。

寅蔵は話を巻き戻して正直に、イサクの印象と新情報を報告した。無政府主義だとか、人類の理想郷だとか、そんな話にすぐ反応するところが、この連中のおもしろさだ。長老格の鈴木天眼を中心に鳩首した結果、なんとも勝手な話だが、イサクをこのまま日本に留め置く方針を決定した。

そこで、社主の佐藤龍蔵を身元引受人とするイサクの帰化願いが、長崎港駐在オランダ領事（スウェーデン領事代理兼務）を通して長崎県知事に提出された。残念なことに、この帰化願いは政府の承諾を得られず不許可となったが、製糞社の面々は少々がっかりしながらも一転、私学校を作ってイサクを教師に仕立てることにした。めんどうな話はすべて後回しである。イサク当人はまったく関知していない。

熊本前田家

先回りしていえば、学校づくりのカネも施設もすべて、熊本の資産家前田下学《かがく》が負担した。下学は自由民権運動の先駆者でもあった前田案山子《かかし》の長男で、熊本小天《おあま》村の有明沿海に広がる父譲りの土地の一部を提供したのである。

それにしても、長崎製糞社の余興話が、どうして急に有明海を越えて熊本へ飛んだのか。「乞食先生の下に生徒が集まるか」という懸念がくすぶったのかも知れない。「だったら、イサクの正体が知られていない土地で開校すればいい」。こんな発想ができるのは多分、白米伯こと日下部正一だろう。彼は熊本県郷士で、西南役で薩軍に味方して服役し、その後上海に渡って東洋学館の設立に関わった経歴を持つ。これに則元ら熊本勢が賛同し、前田下学に協力を依頼した。

下学は詳細を確かめもせず二つ返事で了承し、夫人を連れて上機嫌で長崎へやってきた。イサクに面会するのは、もちろん初めて。その異様な風体の老外人に仰天した。何かの間違いではないか。けれども、いまさらあれこれいうこともならず、こわばった笑顔で歓迎の意を述べた。寅蔵が「よろしく頼みます」といった。彼はイサクの通訳と世話役を兼ねて同行する。

一行は、長崎から汽船に乗り、野母崎沖から天草灘を抜け、開港したばかりの三角築港で上陸した。あとは陸路をとって小天まで一泊二日の行程だった。


小天村は金峰山系の急峻に位置した。いまは近隣の町村がまとまって玉名市天水町の一つの字《あざ》になっているが、地勢の険しさは今も昔も変わりない。季節になると、みかん山が夕日にきらめいて全山が金色に輝く。前田家の邸宅は、その西斜面の茂みを拓いて、雲仙普賢岳と向き合っていた。イサクは石垣の上に白壁をめぐらした豪壮な本宅にまず案内され、目を白黒させたに違いない。夏目漱石の小説で知られる湯治場つきの別邸は、少し西へ下った山裾にあった。

前田家では早速、イサクに近くの農家を借り与え、子どもたちを集めて英語の初歩を教

旧前田別邸跡

えさせることにした。しかし何より困ったのは、イサクが家の内外、畳のあるなしを問わず、どこでも裸足で歩き回ることだった。そして、厠《かわや》を嫌って大小便を野外で平然とする。それを他人にも強いるのである。彼の家は畳を取り除いて床の上に藁《わら》を敷き、麻織りのドンゴロスを布団にした。肉類はいっさい摂らず、ふかし芋をよく食った。飲み物は冷水に限られた。

彼は、農民に対してのみ敬意を払った。あぜ道で肥桶を担いだ農民に出会うと、「ミカド、サンキュー」といって最敬礼した。「ミカド」はどこで覚えたか、イサクが知る唯一の敬語だった。こんな調子だったから、はじめは二十余人を数えた子どもたちも、この外人教師の珍奇さについていけず、ついには教場から姿を消してしまった。オーナーの前田下学も姿を見せない。寅蔵が時々、気分転換をはかろうと、イサクを景勝地などへ案内したけれども、彼は何に反応するでもなく、気落ちした印象は否めなかった。

そうこうするうち、長崎の警察からイサクに「旅券切れにつき至急戻れ」という連絡が届いた。無政府主義的な主張や行動が危険視されたのかも知れない。イサクはやむなく小天村を離れたが、それ以降の消息はまったくない。おそらく米国へ送られたと、長崎の製糞社では噂した。

恋に落ちる

イサク・アブラハムの話はこれで終わらない。寅蔵は「真にこれ余が無形の大恩人なり」とイサクに最敬礼する。小天にいたとき、前田家の嬢、すなわち案山子の三女、下学の妹ツチ（槌）との仲を取りもってくれたからだ。

ツチは、姉のツナ（卓）もそうだが、幼少のころから才色兼備を謳われた。明治十五年秋、女性弁士のはしり岸田俊子が九州遊説の締めくくりに小天の前田別邸を訪れたとき、十一歳のツチは大広間の聴衆を前に「学問ヲ勧ム」と題して演説し、岸田をも感動させている。その後、熊本の英数研修会や大阪のミッション・スクールで学び、視野を広げることによって、ますます魅力的な女性に育っていったことは想像に難くない。寅蔵がツチにこころを奪われたそもそもは、有明の海浜ではだか馬を朝駆けさせている美少女を見たときという、まことしやかな話がいまに伝わっているが、その真偽はともかく、寅蔵がツチに一目ぼれしたことは間違いなかろう。

それを察したイサクが、ツチに対して寅蔵のことを「稀世の大人物」と吹きこんだ。ともにまだ十代である。火を点じれば一気に炎上する気配は十分だ。六尺豊かな大男が、ツチが部屋から投げ下ろす縄はしごを伝って崖を這い上がり、逢瀬を楽しんだとか。西洋寓話の一場面を想起するところだが、これも自由恋愛を賛美するイサクの脚本だったのだろうか。そして、イサクは若い二人に「夫婦になれ」と勧告し、結婚を急かせたのである。

その最中に、イサクは長崎へ召還された。

ツチの父、前田案山子は二人の結婚話に反対した。具体的にどのように反応したかはっきりしないが、自由恋愛自体が許されない時代のことだ。かくいう案山子は男の甲斐性で、六男三女の子持ちだった。他方、荒尾の宮崎家では母の佐喜と当主の一兄民蔵は賛成したが、二兄彌蔵は反対した。このとき兄二人はまだ妻帯していない。この三兄弟のなかでは、彌蔵がもっとも志士的気分が強く、早婚の害を説いたようだが、皮肉なことに本人は若くして病死している。

寅蔵は、彼自身の表現によれば、「恋の化身」になった。だ

宮崎寅蔵

宮崎ツチ

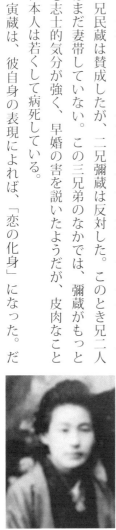

れが何といおうと聞く耳を持たない。自分が自分ではなくなっている。ところが、金縛りにあったような、その心理状態の中で、彼は突然「恋は性欲の満足である」という結論に達した。途端、大罪悪を犯したような気持ちに陥り、早婚を戒めた二兒彌藏の顔が眼前に大写しになった。

寅蔵はただちにツチに婚約解消を申し出た。「泣いて叩頭して申請せり」とある。無駄だった。ツチの涙を見ると、ひるんでしまうのだ。寅蔵はかくして、女性の涙には何ものも対抗できない妙力があることを知った。そこで、煩悶苦悩ののち考えついたのが「三十六計中の妙策」、即ち婚約は解消せずに「海外逃亡」をはかることだった。ツチが承知したかどうか、わからない。

彼の構想はこうだ。まずハワイへ渡って労働に従事し、勤倹貯蓄に励んで、しかるのち米国に留学する。この過程でツチとの婚約はうやむやになるはず、と考えたようだ。ハワイまでの渡航費は、思案の果て、実家に代々伝わる仏像を売り飛ばして、これに充てることにした。仏像は近郷の資産家が高値で買い取ってくれた。

人生不如意1

寅蔵は、知人が手配する石灰船に便乗するため、長崎へ行った。ところが、行動をともにするはずの知人が来ない。それらしい船もない。船宿で待つこと十数日。そこへ突然、東京の二兄彌蔵から「お前に話がある」と足止めの電報が届いた。兄弟は数日後、長崎・瓊浦《けいほ》横丁の一下宿で落ち合った。

彌蔵は開口一番、寅蔵に「ハワイ行きをやめろ」といった。彼は、寅蔵自身がツチとの恋に悩んでいることを見透かしている。だが、彌蔵は弟の気持を慮って深入りすることを避け、「無意味な渡米をやめて、中国に目を向けよ」といった。

彌蔵によれば、中国は清朝三百年の愚民政治に終りを告げ、古代三王朝の理想政治を実現する好機、と観る。そこで、われら自ら中国に渡り、こころを中国人にして英雄を立て、一生を賭して新中国建立の礎になろうではないか。これに成功すれば、中国を救うばかりか、アジア、欧米諸国も注目する。宇宙に新紀元を確立する方策はこれ以外にない……。兄弟は灯心を切り、茶を煎じて、一夜を語り明かした。

寅蔵は兄の大構想を聞いて、目の覚める思いがしたのだろう、立ち上がって舞いを舞った。寅蔵がまず中国に入って言語風俗を身につけ、彌蔵は準備万端整えてあとに続くことにした。

かくして寅蔵の、ツチとの恋を絶つハワイ逃亡作戦は、この長崎の一夜でどこかへ吹っ飛んでしまった。

宮崎民蔵

宮崎家の当主民蔵は弟たちの計画を聞いて、「方法手段がなってない」と叱責した。弁髪を結い中国服を着て、その上、名前国籍を偽って道を説くやり方は許されない。正義公道を欲するならば、その方法手段も公明正大でなければならない、と。彼は弟たちの計画に反対した。

しかし、彌蔵の決意は固かった。寅蔵は断然、先発を志願した。ところが、旅費の調達にもたつくうち病を得て入院し、ツチの看病を受けるハメになった。寅蔵は病床に伏せて人生不如意を嘆く一方で、入院生活が一日でも長かれと願う自分を知ってうろたえた。

寅蔵の中国渡航費は結局、民蔵が工面してやった。

人生不如意2

寅蔵はひとり長崎へ戻って、中国上海行きの船を待った。

定期便の出航を二日後に控えたとき、製糞社時代の先輩日下部正一がひょっこり訪ねて来て、「手元不如意の折、急用ができたので、君の旅費を一日だけ貸してくれ。明日返すから」という。日下部は、さきにも登場したが、西南戦時、長兄宮崎八郎とともに薩軍に加担した経歴があり、その縁でふた回りも年下の寅蔵に親しく接したようだ。

そうした関係があったからだろう、寅蔵は彼にいわれるまま渡航費の大部を手渡した。ところが、日下部は約束した次の日、姿をみせない。そしてまた、音沙汰なしのまま一日が過ぎた。上海行きの定期船は、寅蔵を岸壁に残して出て行った。下宿に籠って待つこと一週間。日下部がやっと貸金の三分の一を持って現れ、「とりあえずこれで船に乗れ。残りは数日のち上海へ電信で送る」という。そして、上海在留の宗方小太郎に宛てた書類を託された。宗方は中国の情報通で知られていた。

寅蔵は日下部をまったく疑わない。西京丸という船で上海に渡り、常磐館という宿に入った。「これシナ大陸なり」と感動を書き留めた。数日後、下宿に移り、教師を雇って中国語の勉強を始めたが、それにしても日下部から音信がない。手紙を送っても、まったく音なしなのである。そこへ宗方がやってきて「彼は貴君に借りたカネを使いこんだようだ」という。日下部に託された宗方宛ての手紙に、そのように書いてあった、とか。

宗方は気の毒がって、彼の所蔵する日清貿易研究所へ来ないか、と誘ってくれた。しかし、そこの経営者は、かねて寅蔵らが問題ありとしてきた人物。迷った末、帰国して日下部と強談判するに如かず、と郵船に飛び乗り、長崎に戻った。上陸したその足で彼の家を訪ねたところ、本人は上京して不在という。

寅蔵は知人の白灰店に寄食して五十日余り、日下部に怒りの督促電報を続発したけれども成果なく、ついにあきらめて荒尾の実家に戻った。その数日後、長崎の白灰店から手紙が届いた。「白米伯（日下部）から送金があったけれども、ボクが消費しました」と。

寅蔵は自分のバカさ加減に、あきれるほかなかった。

人生不如意3

　そして、もう一つ。重大事が寅蔵の帰郷を待ち受けていた。婚約者のツチが早や六月の身重になっていたことである。何のことはない。寅蔵が上海へ出かける前には、すでに身ごもっていたのだ。四月前、病み上がりの寅蔵が未知の中国へ旅立つとき、ツチの機嫌は確かによくはなかったけれども、それらしいことはひと言もいわなかった。仮に日下部の一件がなかったら、いまごろどこをさまよっているやら……。さすがの寅蔵もそう思うだけで、背筋が寒くなった。ツチにアタマが上がるはずはない。

「郷に帰りて幾何《いくばく》もなく、余は前田嬢と結婚式を挙げたり」。寅蔵、のち滔天の文は歯切れがいいが、形だけでも急がざるを得なかった。明治二十五年（一八九二）八月初めのころだろう。二人の結婚に反対した花嫁の父、地域の顔である前田案山子が、この華燭の典に出席したかどうかはわからない。ちなみに、ツチの入籍は同年十一月十五日。長男龍介の誕生はそれより早い十一月二日と、やっかいである。時に、寅蔵二十二歳。ツチ二十一歳。

　ついでにいえば、宮崎家当主の民蔵は、三池の名家立花家の二女ミイ（美以）を同年八月二十九日付で迎えている。その時、荒尾宮崎家には「寅さんの嫁さん」がいたはずである。姉となるミイはツチの二つ年下だった。

兄弟は当主民蔵の結婚を機に家財を三分して、それぞれ五十俵の小作米をもとに生計を営むことになった。父長蔵のころの宮崎家は山林五十町歩余、小作米三百俵の荒尾村一番の資産家といわれていたから、資産は半減したことになる。しかし単純に、その落差を息子世代の責に帰するのは妥当でない。むしろ長蔵が生前、三池の深倉干拓事業に深入りして失敗したことが大きく、ために一家は貧窮の辛酸を嘗めた。

家財の分け前に与かった寅蔵は、荒尾の本宅の傍に一家を構えた。愛妻と日々をともにする気分は悪いはずもなく、つい人生を謳歌し過ぎて、気づいたときには家計が怪しくなっていた。そこへ第一子の誕生である。途端に責任の重さを感じ、「何やら恐ろしくなった」と告白している。

わが子に添い寝する安らぎ。あやす幸せ。これまで想像もしなかった、ごく平凡な日々を過ごす中で、寅蔵は太平安楽を「よし」とする自分に気づいて愕然とし、ばね仕掛けのように外界へ飛び出すのである。

政客アポジ

そのとき、寅蔵の胸の内にあったのが、朝鮮の政客金玉均《きんぎょくきん》に会うことだった。金は朝鮮独立派のリーダーで、明治十七年（一八八四）清国との宗属関係を重視する閔妃《びんひ》派をクーデターで倒したが、直後に清国軍の反撃を受けて日本に亡命した（甲申《こうしん》事変）。日本政府は外交問題になるのを恐れ、金を小笠原から北海道へと隠し、二十四年ようやく東京に戻している。寅蔵が面識を得たのは多分、その直後だった。

金玉均はそのまま故国から締め出された存在だが、彼の大局観、洞察力を、清国問題を考える上での参考にしたいと、寅蔵は考えた。当たって砕けろ、とばかりに、単身上京した。明治二十七年（一八九四）一月初めだった。

金は東京・芝浦の海浜をアジトとしていた。寅蔵が訪ねると、金は喜んで迎え、二、三の先客に交じって盃を交わした。もちろん生臭い話はない。やがて散会。そこで金は寅蔵を誘って漁船を沖へ出さ

金玉均

せ、漁夫が網を引く間に密談する、という気遣いようだった。

寅蔵は正座してアジア革命の大義を説き、兄彌蔵とともに中国へ行く意のあることを告げ、金の支援を求めた。これに対して金は「今日以後はただ中国あるのみ。朝鮮の如きは、道の辺の小問題に過ぎない。中国はアジアの運命を左右するだけでなく、おそらく全世界の運命にかかわる一賭場である」と、自ら進んで世界観を披歴した。そして「近日中に清国へ出かける。短い旅程だが、君は郷に帰ってボクの消息を待て」「帰国してから、ともに中国永住の策を考えよう」といった。他言無用だと、何度も念を押した。

寅蔵が金にあらためて酒盃を献上すると、金は一口に干して、大声で朝鮮の歌を歌い、寅蔵にも歌を勧めた。たまたま魚が一匹、舟の中に踊り込んできた。「吉兆なり」と金は喜んだ。上機嫌だった。

月が傾くころ、ふたりは陸に上がり別れを告げた。寅蔵が熊本に帰って彌蔵に話すと、彼も大喜びして、金の旅が吉報をもたらすことを疑わなかった。

実際には、金玉均の渡清はいうほどに簡単ではなかった。話を漏れ聞いた日本政府関係者は金の身の安全を危ぶみ、付き合いのあった福澤諭吉らも引き留めようとした。しかし、金は日本、朝鮮、中国三国の同盟にアジアの活路を求める「三和主義」を敷延するため、亡命十年を迎えたいまが節目と、腹を括ったのかも知れない。中国行きを決行した。金玉均は出航を前に、知り合いの女性に「万一しくじったら、バカな兄を持ったとあきらめてくれ」という言葉を残していた。

金を乗せた西京丸は、神戸港を離れた。

明治二十七年（一八九四）三月二十八日、上海で事件が起きた。

「金玉均氏、暗殺さる」。翌日かその次の日付になろうか、熊本の寅蔵は新聞の大見出しに飛び上った。彼は容易に信じられず、東京の知人に確認を求めたりしたが、そこへ金玉均の従僕から電報が届いた。

「アポジシンダ　イサイフミ」

「アポジ」は阿父師。金に対する尊称である。もはや疑う余地はなかった。さらに驚かされたのは、実行犯が金玉均の護衛と見られた洪鐘宇《こうしょうう》という男だったことだ。彼は東京から金に付き添ったが、上海で旅装を解いた翌日、銃弾を金に浴びせた。金は旅館の居室前廊下に転がり出て絶命した。

遺体は強引に清国軍の艦船で仁川に運ばれた。朝鮮ではソウル郊外の刑場にさらされ、首は切り離されて棒につるされた。「大逆不道玉均」と大書された。寅蔵は数日ヤケ酒を飲み続けた。


寅蔵は四月下旬、上京した。東京では、金の友人たちによって政府弾劾の運動が行われていた。寅蔵はいろいろな議論弁舌に耳を傾けたけれども、無責任に煽りたてるのが大半で、彼が積極的に関わりたくなるような話は一つもなかった。金玉均の葬儀は五月二十日、浅草本願寺で行われた。会葬者は千人にも上ったが、寅蔵にはこちらも、政治的な示威行為のように感じられた。

このあと寅蔵は、金の遺髪を青山の外人墓地へ納めに行く仲間に加わった。遺髪は金の上海行の供をした和田延次郎が持ち帰ったもので、こちらの参加者は親近の三十人ぐらいだった。そのとき墓地内の茶店で、寅蔵は金の古くからの支援者だった九州出身の渡辺元と、初めて知り合った。彼は銀座の「伊勢幸」という洋服店に仮寓し、女主人ともども、亡命中の金の世話をしていたという。

加えてもう一人。寅蔵に従えば「北海産の女侠」と知り合った。杉谷タマといった。金とよほど懇意だったようで、彼の上海行きに際しては、金目のもの一切を売り払って旅費を整えてやった、ということだ。墓苑からの帰り、「女侠」は寅蔵に「万一のことでもござりましたら、いつでもお越し下さりませ。召しあがりものぐらいはご不自由いたさせませぬ」といった。まさか後日、この女性を訪ねることになろうとは思いもしなかった。

寅蔵は熊本に戻った。

朝鮮出兵

時勢はいよいよ逼迫してきた。

朝鮮政府は甲申事変以後、近代化政策を急いだが、地方の疲弊はますますひどくなった。その中で、農民たちを支えたのが、新興宗教の「東学」だった。没落官僚の中で思想化され、人間の平等を説いて人気を集めた。

明治二十七年（一八九四）春、朝鮮全羅道で武装蜂起が広まった。数百の民衆が役所を襲って武器を入手し、米倉を破って、農民戦争の様相を呈した。金玉均が上海で殺害されたころと前後する。東学農民軍は五月末、全州に入城する勢いを見せたが、結局、内政改革に関する請願を国王に提出することで、六月中旬に和約した。農繁期でもあったが、日本と清国の軍事介入を避けるための停戦とも見られた。

しかし、朝鮮政府はこれより早く、清国に反乱勢力鎮圧のための援軍を要請していた。これを知った日本政府は議会を解散し、同時に朝鮮派兵を決定して、天皇の裁可を得た。派兵理由は「在留日本人保護のため」。この名目からすれば、大兵の派遣はためらわれるところだが、現実には戦時編成の歩兵二個連隊を主体に八千人を超える編成で、大本営も設置して、本格的な戦時体制を整えた。広島から兵員が続々と仁川へ向かった。

他方、朝鮮政府から正式な援兵要請を受けた清国は、日本に遅れて、北洋陸軍の歩兵二千人と山砲八門の部隊を送った。そのあと五百人を増派しているが、清国の直隷総督李《り》鴻章《こうしょう》は、英ロ両国へ調停を依頼するとともに、日本へ戦争回避のメッセージを送った。これに対して日本政府は「変乱重大の事件ありて……若干の兵を送るつもり」と応じていた。日本はすでに情報統制に入っていた。

東京の新聞は六月九日発禁を解かれ、一斉に朝鮮への派兵を報じた。巷では義勇兵を組織する気運が一気に高まり、政府はその沈静化に追われた。

宮崎兄弟にも従軍通訳の打診があったが、「中国語が上手でない」と応じなかった。しかし、何らかの軍属として駆り出される可能性は大ありだ。一夕、兄弟が座卓を囲んで時勢を話し合っていた。母佐喜もいた。末っ子が「この様子だと、いつ兵隊に召集されるか知れん。早いうちに国外へ出て徴兵を逃れる……」と、まだ言い終わらないうちに、母親が顔を真っ赤にして、身を震わせながら大喝した。「なにをいうか。戦争と聞いて逃げる？もうこの家に置くことはできぬ。三人そろって出て行け！　出て行かねばオレが死ぬ」。母親の気迫に息子たちは驚いた。家長の民蔵がなんとか、その場を取りつくろった。


実はそのころ、彌蔵と寅蔵は、民蔵にも内緒で、中国潜行を計画していた。必要資金は、兄弟で資産分けした土地を売って捻出するつもりだったのだが、独身の彌蔵の場合はともかく、妻子持ちの寅蔵にとっては難題だった。次男坊も生まれ、借財は山をなしている。結局、結婚時に作った荒尾の住家を売り、熊本で家を借りて、そこで下宿屋を営みながら一家の糊口をしのぐつもりだった。

知人たちは「さぞ盛んな梁山泊になるだろう」と笑ったが、案の定、東学の乱に便乗して日清戦争を画策した「天佑侠《てんゆうきょう》」という団体の連中が、官憲に追われて逃げ戻ったところがまず荒尾宮崎家で、それを寅蔵が熊本のわが下宿へ案内するという展開になる。客の中には、長崎製糞社で世話になった鈴木天眼もいた。

寅蔵が関わったのはそこまでで、あとはツチに押し付けて、東京へ向かった。東京は有楽町八百屋の上階、彌蔵の下宿先が住まいになった。

指南役「伊勢幸」

目標は中国革命にある。兄弟は火中に身を投じる決意を固めた。ことばはもとより風俗風習にいたるまで、中国人になりきらなければならない。

思案の末、金玉均の葬儀のとき、寅蔵が青山墓地で知り合った「北海産の女侠」を頼るのが、もっとも現実的と思われた。身を潜めるにも都合がいい。そこで中国語を習得したのち、蓄えた資金を帯びて大陸に潜入するという構想。寅蔵は兄の指示で即夜、上野駅から汽車に乗り、青森からは連絡船だった。

二日がかりの長旅だったが、函館の宿に入ると直ぐ、杉谷タマに書を送って面会を求めた。ほどなくタマが自らやって来て、あいさつも早々「何か御用あって」と問うた。寅蔵が来意を告げると、彼女は即座に、自宅の一室を提供するという。小さな家ながら老母と二人住まいだから、勉強には打って付け……。「召し上がるくらい、私が稼ぎます」といわれて寅蔵は泣けそうだった。

次の日、彼は市中を歩き回って、個人的に中国語を教えてくれそうな人物を捜した。けれども折悪しく、日清戦争が始まったところで、適当な教師を見つけることができない。タマも八方手を尽くしてくれたが、むなしかった。寅蔵はやむなく、東京へ引き揚げることにした。

帰途、青函連絡船に乗るとき、タマが見送りに来て菓子箱を持たせてくれた。船の中で開けてみると、金玉均が愛好した外国製の煙草が入っていた。そして、紙幣も何枚か。寅蔵は「ああ女侠」と唸るほかなかった。

東京に戻って彌蔵に函館の状況を話すと、彌蔵も女侠の好意に感激して、「当たって砕けろ、だ。『伊勢幸』へ行こう」と立ち上がった。「伊勢幸」とは、金玉均の葬儀のとき、あいさつを交わした渡辺元のこと。銀座の洋服店「伊勢幸」に仮寓していたことから、この呼称になった。運よく渡辺は奥二階にいた。

表通りの賑わいが伝わる中、彌蔵が威儀を正して、面会を求めた趣旨を話した。一通り聞き終えたところで、渡辺はおもむろに「君たちの考えはよくわかった。多少の時日を以ってすれば、きっと君たちの望みに叶うことができるだろう」といった。そして、しばし間を置いて「中国の言語風俗に習熟したいということであれば、しばらく中国商館に潜み、日本人との交際を絶って、その番頭になりすますに如くはない。そうして時が来るのを待つことだ」といい、「異存なければ、私が紹介しよう」と、にわかに現実的な話になった。

さすがの宮崎兄弟も、話の速さに即応できず、「一日考えさせてください」といって、引き揚げるほかなかった。有楽町の下宿に戻った二人は、あらためて議論するほどのこともなかった。帰途、あらかた問題は整理されていたからだ。

結論はこうだ。

すなわち、彌蔵は渡辺の世話で中国商館に入る。寅蔵はシャムに渡って彼の地に活動基盤を築き、次の展開をさぐる。標的はあくまでも中国である。

寅蔵のシャム行きはいかにも唐突な印象を与えるが、兄弟の間では第三の選択肢として残されていた話だった。神戸の岩本千綱という男がシャムの国情、なかでも中国人社会に詳しいと聞いたため、寅蔵がわざわざ本人を訪ねている。以来、シャムは中国進出の有力な踏み台になるのではないかと、兄弟で話していたのだ。「伊勢幸」からの帰り道、寅蔵がシャムに未練を示したのだろう、結局、兄弟手分けして、別々の角度から、一つの目標を追うことにした。

翌日、宮崎兄弟が渡辺に考えを伝えると、彼も大いに喜んで、ただちに横浜の中国商を呼び、彌蔵の移籍手続きを始めた。胡服（民族服）を着て弁髪を整えると、渡辺は「白熊」の号を与えて、彌蔵はたちまち中国商人の仲間になった。以後、彼は「菅仲甫《かんちゅうほ》」の名で、外人居留地に姿をくらまし、旧友との音信もいっさい絶った。

シャムへ

一方、寅蔵はシャム行きを実現するため、神戸の岩本に会いに行った。すると、彼は近々、移民を率いてシャムへ向かう予定なので、その便に遅れないよう来てくれ、といった。寅蔵はあたふたと東京へ帰り、旅の支度を整えて、神戸へ急ぎ戻ったところ、何ということだ、岩本は急病を患っていまわの際を漂っていた。

百人近い移民がすでに集まっていた。しかし、岩本の病状が深刻なため、船出はいつになるかわからず、周旋した広島移民会社も困惑するばかり。新聞も移民会社や重病人相手に批判を強めたが、一向に埒《らち》が明かないため、寅蔵は単独行を決心して、病床の岩本に別れを告げに行った。すると岩本は息もたえだえに「僕に代わって彼らをシャムに連れて行ってくれ」という。「両国将来の幸福のために」とまでいわれると、寅蔵は「イヤ」とはいえなかった。

月給四十円、旅費百円。彼が月給とりになったのは、後にも先にもこれっきりだ。騒ぎが収まり航期も決まって、みんな大喜びで、重役はそろって料亭へ繰り込んだ。宴たけなわ、奇声嬌声入り乱れる中、寅蔵は急に熊本の妻子を思い出し、不憫になって、妻に慰め

中列　母佐喜（左）と妻ツチ（右）。手前　龍介（左）と震作（右）。うしろは寅蔵（『「草枕の里」を彩った人々 桃源郷・小天』）

の手紙を送った。

「最愛の妻子を貧困の中にゆだねて出て行く夫の心も大分苦しきものにて候。我に従う妻も少しく心を大丈夫にして光明を破窓より眺めざるべからず……」

シャムへの渡航希望者は、最終的に二十人だった。神戸を出て五昼夜で香港に達し、船を乗り換えて、大勢の中国人労働者と一緒になった。さらに三日を要してシャム湾に入った。船はメナム（チャオプラヤ）河を遡り、やがて首都バンコクに着岸した。

寅蔵が植民会社を訪ねて岩本の紹介状を提示すると、対応した石橋某なる男は「植民会社は先月解散した」という。彼によれば、岩本は会社の要務を帯びて帰国しながら半年もナシのツブテで、会社の信用は丸つぶれ。加えて、商人に多額の違約金を取られ会社は立ち行かなくなった、とのこと。だから、自分はもう会社とは関係ないが、一個人としてお手伝いしよう、と親切だった。

植民会社はすでに解散しているため、移民の当初の目的である、農業に従事することはできなかったが、石橋らの尽力で二十人の移民は造船会社で働くことになり、当座はなんとかなりそうである。寅蔵自身、彼らの監督をするうち、植民事業の有望なことを知り、またシャム政府担当大臣のスリサック侯に面会するに及んで、植民会社再興の思いをいよいよ強くした。侯は貴族出身で元陸軍大臣。ヨーロッパからダイナマイトの密輸を企てて失脚したものの、国王の特別な配慮で罪を許され移民を担当する農商務大臣になったとか。寅蔵が会ったときは、日本植民会社が解散してしまったことを非常に残念がっていた。

ところが、それから何日もたたないうちに、造船会社に職を得たばかりの連中がそろって、タルラックというところの鉄道工事に移りたい、という。聞けば、賃金を随分とはずむらしい。調べたところ、現場付近では猛毒ガスが蔓延して死ぬ者が多く、ために作業員を高賃金で集めるというのが実情だった。寅蔵は、この転職を絶対に認めない方針で対応したが、結局、六人が寅蔵と絶縁してタルラックへ去って行った。

寅蔵自身は、引率した移民がともかくも新天地を得たのを見届け、あとを天草出身の僧侶柳田亮民に託して、植民会社再興のためいったん帰国した。

寅蔵は広島の移民会社を訪ねた。シャム植民会社の再興を訴えると、重役会議で検討することを約束した。その見通しを待つ間に、思いがけず旧友の武田範之《はんし》らが寅蔵の旅館を訪ねてきた。

武田は東学党に触発されて朝鮮に渡り、天佑侠を組織したが、のち帰国。爆弾強盗犯の罪に追われて、荒尾宮崎家の庇護を受けて以来、寅蔵とも知り合っている。そのあとまた、閔妃殺害事件に関わった容疑で広島監獄に収監されたが、釈放後そのまま広島に留まっていた。そうした縁で、寅蔵が広島にいる間は宿を訪ねて盛んに酒盛りをしたらしい。

そんなある日、横浜の二兄彌蔵から「スグコイ」という電報が届いた。彌蔵は中国街に紛れたあとも、弟だけは連絡をとっていた。時々の所在も通じていたに違いない。寅蔵が大急ぎで駆け付けると、彌蔵は病床に横たわっていた。慢性腸カタルと精神疲労といったが、目はくぼみ頬は削げて、別人のようだった。寅蔵を見て相好を崩し「顔を見ただけで病気も治りそうだ」といったが、その声も細って張りがなく、病状は相当に悪化していることが見てとれた。

寅蔵は二晩、彌蔵に添い寝した。別れにあたって、彌蔵は杖にもたれて弟を院外の西洋料理店へ案内し、肉をつつき酒を飲んだ。これが兄弟永訣の宴となった。

再びシャム

寅蔵は汽車と船を乗り継いで、広島へ戻った。移動中に新年を迎えた。明治二十九年（一八九六）になる。知人友人が寄り集まって飲んでいるところへ、移民会社の重役がやってきて、シャム植民会社の再興が決まったことを告げ、時期は未定としながら、準備金といって数百円を置いていった。たまたまその場で、末永節《みさお》という男がシャム行きを希望していると聞き、さっそく会ってみる気になった。九州の若松にいるという。

寅蔵は思い立つと動きが早い。おそらく数日後には関門海峡を渡って、末永に会っている。末永は元「九州日報」の従軍記者で、先ざき中国人脈を広げ革命時に存在感を示すことになるが、まずは寅蔵と意気投合し、その場でシャム渡航の段取りを決めて、長崎で落ち合う約束をした。

寅蔵はその足で熊本へ向かった。母にシャムの話を聞かせたかった。母はちょうど、寅蔵の留守宅（といえば聞こえはいいが）、熊本の下宿屋へ手伝いに行っていた。久しぶりの家族団らんだった。三歳の長男は腕白の素養十分、誕生を迎えた次男も立ち歩きを始めた。妻ツチの酌で寅蔵はご機嫌だ。母が突然「兄さんはどうしているかねえ」といった。彌蔵のことだ。「東京で会わないか」「文通はあるか」。寅蔵が一番怖れた話題だった。酒の力を借りてなんとかごまかしたつもりだが、果たしてどうだったか。

この熊本滞在中の話だろうか、夫婦は痴話げんかをした。寅蔵は猛烈な焼き餅焼きで、母や兄の諫めも聞かずツチを罵ったあげく、二人で泣き合った話を残している。そんな騒動もあってか、寅蔵一家は下宿屋をやめて荒尾へ戻ることになった。あとは兄の民蔵に委ねて、寅蔵は次のシャム行きに備えることになる。

寅蔵の長崎行きには、友人の平山周が同道した。平山は孫文と親しく、のち孫文を犬養毅に引き合わせ、また東京居住の世話をして、生涯、中国革命に関わったとされる人物。末永は長崎へ直行した。妻ツチの弟の前田九二《くに》四郎《しろう》も志願して出てきた。前田案山子の四男である。この四人でとりあえず、港に近い旅館の四畳半一間を借りて、便船を待つことにした。

時刻表のないシャム行きの船を待っているだけだから、空振りの日はてんで好き勝手に過ごしていたが、ある日、寅蔵は渡辺元から長崎の旧宅に呼ばれた。寅蔵兄弟の運命を割り振った、あの「伊勢幸」の渡辺である。家に上がると、彼は一封の書を取って寅蔵に渡した。驚いたことに、二兄彌蔵の手紙で、地下組織の要人らしい男に面会した報告だった。彌蔵は文中、面談模様をこと細かに綴って、「事態は思った以上に進んでいる様子。シャムのことなどはいい加減にして、急ぎ帰国するようにせよ」とあった。病状についての文言はない。

長文を読み終えて、寅蔵が感慨にふけっていたところ、渡辺が「返書を書くがよかろう」といった。そこで、相談しながら「しばらく情勢を見た方がいいのではないか。以って、おおいに他日を期するところあり」と書き送った。末尾には「シャムはできるだけ早く引き揚げるつもり」と付け足した。

長崎で船を待つこと三十余日。ようやく米国郵船ゲーリック号に搭乗した。ただし、ゲ号は香港が終着。その先はまた別の船を捜すことになるが、まずは出航することである。みな途端に元気が出て、それぞれ「南」の字を冠した別名を作った。ちなみに末永は南斗《なんと》星《せい》、平山は南万里《なんばんり》、前田は南天子《なんてんし》、寅蔵は南蛮鉄《なんばんてつ》、そして、同行する諫早の銀行家八戸《やと》剛一郎は南桜生《なんおうせい》。彼はシャム桜木商店代理人でもあった。旅の間は仲間意識を強めて、互いにこの別名で呼び合おうと決めた。

航海は順調だった。香港で下船して次の船便を待った。ところが、好事魔多し。おりしもペストが大流行している最中で、どこの汽船も香港では乗客を拒み、いつ解禁されるのか見当も付かない。やむなく近くの宿をとったが、こんな状況が長引けば、宿料はかさみ糧道を断たれるかも知れず、いっそのこと陸路シャムまで踏破するかと、やけっぱち気分だった。しかし、シャム植民会社再興を任された寅蔵は、思案の末、沖に停泊している汽船に直談判してみることにした。汽船は司馬懿《しばい》号といい、最終寄港地はバンコクとなっていた。寅蔵は小舟で乗り付けて、船長に哀願した。船長は、汕頭《すわとう》とシンガポールに途中寄港するが、「それでよければ」と好意的だった。

宿に戻って話すと、全員「往くべし」と一決し、夜陰に乗じペスト警戒網をくぐって船客となった。船賃は最下等の十二円。寅蔵は「荷物客」と表現した。船は香港を離れて間もなく、猛烈な暴風に襲われた。一行は船底に転がって、はじめの威勢はどこへやら半死半生の態で、寅蔵ひとりがよく歩きよく食った。船はまる一日強風波浪に翻弄されて、汕頭に入港した。

新たに千人余りの苦力《くーりー》（下層労働者）が乗船してきた。彼らは雪崩を打って船底に転がり込み、殴り合い蹴り合いして自分の場所を争った。おかげで、先客も身動きできない状況に陥り、アヘンや排泄物の悪臭の中でトコジラミの襲撃にも堪えなければならなかった。数日後、シンガポールに入港した。

寅蔵らは苦力の大軍団の上陸を見送って、生気が蘇った。終着バンコクまでの航行四日間、乗客は寅蔵グループだけで、天気よく波静かで快適だった。凱歌を上げて上陸した。


旧植民会社の事務所に立ち寄ったところ、先に寅蔵が引率した二十人のうち、鉄道工事に奔った六人をふくめ、十七人が病んで床に転がっていた。寅蔵が帰国したあと、造船会社に職を得た者もみな、賃金に目が眩んで山奥の鉄道工事に奔り、挙句、猛毒ガスにやられて、この惨状になったということだ。薬を取り寄せたり病院へ急送するなど大騒動する中で、数日内に九人が息絶えて、寅蔵は凱旋の乾杯どころではなかった。

さらに衝撃的だったのは、南桜生こと八戸剛一郎が急死したことだった。寅蔵一行が陸に上がって三日目の夕、八戸の主催で、バンコク日本人会の会長も加わって、真夜中まで盛大に飲み食いしたのだが、解散直後に八戸の体調が急変したという。苦労を共にした連中が病床に駆け付けたときは、すでに他界していた。

前後して、寅蔵をふくめ旧来の仲間も体調に異変をきたし、異郷の植民事業に自信を失くしかけていた。この先どうするか。鳩首協議の末、南斗星こと末永が、このままではスリサック侯の熱意を無にすることを憂えて、「ここで大奮発して、自ら鍬をとって耕作に従事し、植民の基を築く決意を固めるほかあるまい」と力説した。これで一決。さしあたり日常の食い扶持はバンコク日本人会に頼み、試作地と農具についてはスリサック侯に願った。侯は快諾してくれた上に農家も世話しよう、といってくれた。元気百倍である。彼らが農家に宿を移して祝杯を上げたことは、いうまでもない。

寅蔵は金策のため帰国する。

第二部　南風《はえ》

シャムから戻った寅蔵は、九州・若松に的野半介を訪ねた。

的野は頭山満らの国家主義運動に共鳴し、金玉均暗殺事件を機に長崎製糞社の鈴木天眼らと「天佑侠」結成にかかわったひとり。シャムに同道した末永節も仲間だった。このときの寅蔵は、バンコクで死んだ桜木商店代理人の八戸の遺骨を諫早の遺族に届ける、そのための旅費を借りようと的野を訪ねたのだった。

彼は久しぶりの寅蔵を見て、目を丸くして「お前は知って帰ってきたのか」といった。寅蔵は何のことかわからず、ポカンとしていると、的野は「兄さんは横浜の病院に入っているそうだ」という。その口ぶりから、二兄彌蔵の病状が尋常でないことを察した。的野は寅蔵の動揺を見て取ったのだろう。「近々、退院するという話だった。安心しろ」と付け加えた。

寅蔵は胸騒ぎを覚えながら、郷里へ急いだ。そこには、家長の民蔵家族に加えて、寅蔵の妻子もいる。入院していた母は数日中に退院するということだ。彌蔵からも「近いうちに帰る」という手紙が届いていた。母は「これで、みんな厄払いが済んだ」と喜んだ。寅蔵は間隙を縫って諫早の八戸家を訪ね、遺骨を届けた。

熊本へ戻ると、母の退院日。母は「みんなで快気祝いでもしようかね」と明るく、兄嫁と一緒に荒尾へと汽車で帰って行った。

二兄の死

母親を停車場で見送ったあと、民蔵と寅蔵は熊本市内の親戚の家に立ち寄った。おそらく母の退院の礼を伝えに寄ったのだろうが、まだあいさつも済まぬところへ、知人が駆け込んで来て、無言のまま上り口に紙切れを置いて去った。見ると「ヤゾウ　キトク」の電報だった。発信人は野崎福太郎という横浜の彌蔵の無二の親友である。寅蔵兄弟は荒尾へ飛んで帰った。

翌朝早く民蔵と寅蔵は大牟田へ出て、汽車で横浜へ向かった。まる二日かかった。汽車の中では気が滅入って、兄弟は

宮崎彌蔵

ひと言も交わした記憶がない。横浜に着いて、民蔵が「どこへ行こうか」と、やっと口を開いた。

ともかくも、電報をくれた野崎の家に行った。野崎は不在で、夫人と無言のまま対座した。宮崎兄弟は自分の方から口を開くのが怖くて、というより、全身がこわばって言葉が出ない。一瞬の間があって、野崎夫人が頭を垂れて、涙ながらに「残念でした」と細い声でいった。一昨日、明治二十九年（一八九六）七月四日の朝、病院でだれにも看とられることなく息絶えたという。「ご遺言によりまして品川東海寺に……みなさま、お待ちかねだと思います」

兄弟は、野崎夫人の案内で車と汽車を乗り継ぎ、品川駅に出た。四、五人の友人が出迎え、寺へ案内した。数十人が集まっていた。彌蔵は、別院に安置された白木の長棺に納められていた。亡骸は目を閉じ、両手を胸の上に組んで、口元は少し微笑んでいるように見えた。

野崎は「枕の下にありました」と一封の書を民蔵に渡した。表に「母上様　兄上様」とあり、開けてみると「大丈夫《ますらお》の真心こめし梓弓《あずさゆみ》　放たで死することのくやしき」と、ただ一首が書いてあった。その真意を知る寅蔵は、ひとり涙を拭った。

彌蔵の亡骸が東海寺に運ばれたのは、野崎に宛てた遺言によるものだった。この寺苑には、明治七年（一八七四）東京留学中に死んだ三男伴蔵が葬られていた。彌蔵はその亡兄の傍らに眠ることを希望した。

寅蔵は葬儀を終えて兄とともに九州に戻ったが、しばらくは茫然自失の状態から抜け出せなかった。シャム開拓の意欲も削がれただろう。現地から「移民の一人が自殺した」「『帝力庵』の存続は危うい」などの情報ももたらされた。「帝力庵」とは現地にある日本植民の活動拠点。寅蔵は義援金として百円を送ったものの、落ち着かない。前田九二四郎が帰国し、平山周も戻ってきた。残るは末永節のみ。スリサック侯の厚意を無にしないためにも、「帝力庵」は守らなければならない。

寅蔵は、ともすれば萎えがちな気分を鼓舞して、平山と上京した。政治家の犬養毅に会うためだ。犬養の進歩党は大隈改進党の流れを汲む。寅蔵はその改進党系が大嫌いなのだ。それも、自由民権運動の板垣党と対峙したから、というだけの単純な話なのだが、犬養の書生をしていた同郷の友人可児《かに》長一の強い勧めで、平山とともに犬養を私邸に訪ねた。

犬養木堂

玄関脇の小部屋に案内されると、犬養毅こと木堂翁が煙草盆と煙草入れを持って現れた。そして「シャムはいかがです。何か面白いことでもありますか」といった。寅蔵は犬養の口の利き方に違和感を覚えたが、シャムの植民と山林の実情を話して「ご支援を願いたい」と頭を下げた。すると犬養は即座に「それはだめだ」のひと言である。寅蔵は現地体験と自己調査をもとに感興を呼ぼうとしたのだが、彼は頭を横に振るばかり。寅蔵は少し腹が立った。犬養はゆったり話した。

「計算が立つから事業が成り立つ、と思うのは妄想だ。それを植民でやろうというのはもっと難しい。まあ中止したがよかろう」「それにしても、よく思い立ったものだ。その顔で材木屋などできるものか。どう見てもその顔は、計算問題まで到着しない顔だ。顔を見ただけでご免被ってしまう」

犬養毅

いいたい放題いって呵々大笑。寅蔵が何をいっても犬養は聞く耳を持たない様子だったが、そのうち首を傾げて「やむなしとあれば、背水将軍かな。よし僕が紹介する」といって、硯を取り出し紹介状を書いてくれた。犬養邸を出た寅蔵と平山は、その足で背水将軍こと中村弥六を訪ねた。

中村は明治初期、ドイツに留学して森林学を学んでいた。中央官庁を経て国会議員になったが、他方で材木商をやっていたため山林事業の実務にもくわしい。中村の号は背水、俗に背水将軍と呼ばれた。のち背山と改める。

中村は主にシャムの木材について話し、寅蔵らも真剣に聞いた。しかし、彼がいいたかったのは、とどのつまり「木材に素人は手を出すな」ということだった。寅蔵と平山は要領を得ないまま、むしろ憤然として、中村の家を出た。

次の日、二人はまた犬養を訪ね「背水は説法するばかり。まったく役に立ちません」と報告した。すると

中村弥六

犬養は「君のその顔では金儲けはできないよ。さっぱり中止した方がよい」「なに、天下のことは分業法でやるさ。儲かっている奴の分から使っていくさ」といった。

立ち会った可児がしきりと寅蔵のひざをつつく。それで寅蔵は、自分たちの志は中国にあることを告げ、あらためて犬養の支援を頼んだ。すると彼は「わかった。しばらく昼寝でもして待っておれ」と、こんどは鷹揚だった。


そのころ寅蔵は花柳病に悩んでいた。旧知の頭山満に助けを求め、こっそり上野の病院に入って治療を受けた。よほど頭山に師事していたと見える。犬養には黙っていた。折角の縁を断たれることが怖かった。ところがそのうち犬養夫妻にも知られて「厚く恵助を蒙れり」となった。

寅蔵は平山、可児とともに、外務省の要請で中国秘密結社の実情を探ることになった。犬養の、寅蔵らに対する配慮だろう。しかし寅蔵は治療中の身、やむなく平山と可児の二人が先発した。

そんなある日、友人宅で思いもかけず、長兄八郎の親友を名乗る曽根俊虎という男に会った。彼は往時を懐かしげに語り、半日を費やすことになったが、別れ際に「君にぜひ会わせたい中国人がいる」と、一枚の名刺をくれた。表面に「陳少白《ちんしょうはく》仁兄」とあり、裏面に横浜の居所が記してあった。

その数日後、寅蔵が中国への旅支度を整えて船待ちの時間に、曽根にもらった名刺の主を訪ねた。陳少白、通称陳白は顔を会わせるなり「やあ、久しぶり」と声を上げたが、相手が彌蔵でなく、その弟と知って大いに驚いた。この出会いが契機となって、寅蔵は陳白が清朝打倒を目指す「興中会」のメンバーであり、彼らの首領が孫逸仙《そんいっせん》こと孫文であることを知った。

話なかばで寅蔵の出航時間が迫ったので、再会を約して別れた。

首領孫文

寅蔵が香港に着いたとき、先行した平山が埠頭で帰国船を待っているところだった。可児はすでに帰国していた。平山は帰国を延ばし、次の日そろってマカオへ向かった。マカオでは、平山らが気脈を通じた連中が新客のために宴席を設けてくれたが、時局に関わる微妙な話は極力避ける雰囲気だった。

寅蔵は横浜を出るとき、陳白から何樹齢《かじゅれい》なる人物に宛てた一通の紹介状を預かっており、彼はその男を捜していた。席を並べた一人が「広東の何某のところにいる」と小声でいった。孫文の率いる武装蜂起が失敗して以来、なかでも広東住民は極度の疑心暗鬼に陥っているようだった。

次の日の早朝、寅蔵は輪船で広東省城へ行った。宴席で仕入れた情報を頼りに、駕籠を雇って某所で「何《か》」なる人物に面会できた。小男で一見神経質に見える。寅蔵は来意を告げて陳白から預かった封書を渡すと、彼はあたりを憚りながら目を通し、ひそかに筆を執って「僕が貴兄らの宿に伺います。ここで話すのは差し障りがあります」と書いた。無言だった。寅蔵は宿を教えていったん別れた。

それほど時間を置かず、何は宿へやってきた。しかし、寅蔵が清国の疲弊を嘆いても、彼はなんの反応も示さないばかりか、孫文は知らず陳白も好まずで、寅蔵は取りつくシマもない。

と、「区《おう》ホウチなるものあり」といった。香港の耶蘇教会で会えるというので、平山と一緒に行った。たまたまそこに中国人の知り合いがいて、その人物を特定してくれた。牧師だった。人影のないところで面談した。寅蔵らは筆談で来意を告げた。すると、区《おう》は寅蔵らの顔色をうかがいながら、「首領孫文が近く日本に寄るはず。ロンドンをすでに出発した」と教えてくれた。「日本同志の助力を乞うためだ」といった。

寅蔵と平山は帰国することにした。

孫文

香港から航行一週間、寅蔵らは明治三十年（一八九七）の九月はじめ、横浜に戻った。宿をとり旅装を解いて早々、陳白の家を訪ねた。見覚えのある家政婦が出てきて「旦那様は数日前から台湾へ行っています」という。そこで「お前ひとりか」と問うと「いえ、メリケンあたりのお客様がお出でです。夕方から散歩に出ていますが」と答えた。寅蔵はその客こそ孫文ではないかと感じて、家政婦にすぐ捜してくれるよう頼んだが、その夜はわからないままだった。

翌朝、早起きした寅蔵は、まっすぐ陳白の家に行った。客の男はまだ寝ているというので、庭前で待つことにした。そのうち扉の開く音がして、寝間着の男が顔を出し、「カモン」といった。写真で見覚えた孫文その人だった。そのまま応接間へ招かれ対座した。予想していた人物と随分と印象が違った。豪傑とはほど遠い、ひょろりと痩せた青白い書生風。「余は何となく物足らぬ心地せり。もっと貫目がなくては」と、彼は勝手に思った。孫文はそのとき数えで三十二歳、寅蔵は二十八歳だった。

寅蔵が名刺を出してあいさつをすると、孫文は「陳白から聞いた」といい、人の出会いの面白さを語った。会話は筆談まじりである。寅蔵が「あなたの革命論を教示願いたい」と申し出ると、孫文はおもむろに口を開いた。

「私は、人民みずから人民を治めること、これが政治のきわまるところと信じる。即ち、共和主義である。清朝三百年の人民愚弄政治の対極をなす。この一事を以って、ただちに革命の責任を担うものである」「共和政体はわが国治世の神髄であって、ひとえに三代(夏《か》・殷《いん》・周《しゅう》)の治を慕う所以《ゆえん》である。古を慕うのは大きな理想をそこに見るからだ」

さらに一転、話は外患に及んだ。「今や、世界列強はわが国土の大きさと人口の多さに目を付けて、食い物にしようとしている。私は世界の一平民として、人道の擁護者として、黙って見ていることができない。だから、みずから進んで革命の先駆けとなり、時勢の要求に応えようとしている」と。

寅蔵は孫文の「高尚な思想」「卓抜した識見」「遠大な抱負」「切実な情念」によほど感服して、陶酔状態にあったらしい。気がつくと、同宿の平山をも連れ込んで、夕方まで高邁な人生哲学を拝聴し続けた。

翌日、寅蔵らは東京に出て犬養に孫文の話をすると、彼は「よい土産ものだ。会ってみようじゃないか」といった。外務省は、寅蔵のいう「秘密結社の現物」にどう対応したものか思案投首の態だったが、犬養の斡旋で、玄洋社の平岡浩太郎が資金を出して東京平河町、のち早稲田鶴巻町に住宅を確保し、孫文、陳白と他ひとりが、寅蔵と平山のお雇い語学教師の名目で住まうことになった。当時、外国人は横浜の専管居留地外での居住を禁止されていた。

孫文（右端）と九州の同志たち。左から末永節、内田良平、寅蔵（滔天）、小山雄太郎、清藤幸七郎（『夢翔ける』）

田舎料理

その年、明治三十年（一八九七）の秋、寅蔵は孫文を連れて荒尾の妻子の許へ戻った。寅蔵が家を空けっ放しにして顧みないから、もっともな話なのだが、家計は破綻に瀕し、家族はほとんど飢餓状態に陥っていた。そこへ遠来の珍客を迎えたものだから、妻ツチと義姉は大いに当惑した。当主の民蔵は米国へ留学して不在のときである。

兄家族の応援を得て、風呂を沸かしたり、座敷に毛布を敷いたり、ご馳走するもなにも熊本の田舎料理でもてなすほかなかった。刺身や味噌汁や煮魚や、また寿司やウナギなど、ありったけの料理を提供した。孫文はいつもニコニコして「オーライ」「オーライ」とうなずきながら食べていたが、ツチの観察では、ウナギと鶏が好みのようだった。寅蔵は朝から「カンペイ」「カンペイ」とやっていた。

孫文　荒尾宮崎家訪問。応接する寅蔵夫妻（旧家復元像）

孫文は無口な男で、宮崎家でも暇さえあれば本を読んでいた。当時、孫文の首には清朝政府から一万円の懸賞金がかかっていた。一週間ばかり滞在して去るときは、宮崎家にあったお気に入りの本を柳行李に詰め込んで、寅蔵と一緒に出て行った。村人たちは「へい！　一万円。たいしたモンですなあ」と見送った。

珍客が去ると、荒尾の留守宅はいよいよ素寒貧になった。ツチは他人の温情にすがって石灰販売店の看板を掲げたけれども、ほとんど実入りはなく、数月で投げ出してしまった。

そんな苦境を察した孫文は密かに、時おりツチに送金していた。

ツチの歌集に「(父の愛) のたまいぬ　疾く疾く来たれ　疾くかへれ　父母の元にて　やすらうべしと」という歌がある。父の前田案山子自身、随分な浪費家で家を傾けた張本人なのだが、その案山子をしてこの歌を詠ませるほどに、三女の婿は忍ぶに堪えなかったということだろう。寅蔵は金銭のことを中国の古い俗語にある「阿堵物《あとぶつ》」といって賤しんだ。金銭を賤しみながら終生、金銭に苦しめられた。

ツチは一時ひどく体調を狂わせ、子どもを里方に預けて福岡の病院で療養していた。ある日、寅蔵に誘われて、博多湾を一望する知人宅を訪ねたときのこと。夫が邸宅の主に「この屋敷も売らにゃならんタイ。売って戦わじゃコテ」と話すのを聞いた。と、間もなく屋敷は売り出され、その売却金はそっくり恵州事件の軍資に注ぎこまれたということである。

恵州事件とは、孫文が一九〇〇年、広東省恵州で武装蜂起した事件。結果は失敗だった。

寅蔵は明治三十一年（一八九八）五月、平山周らが始めた「九州日報」の臨時記者になり、「幽囚録」を連載した。孫文の「Kidnapped in London」の翻訳である。以前、孫文がロンドンの清国公使館に幽閉されたときの顚末を英文で綴ったもので、次の年イギリスで出版された。その一年後には寅蔵の筆で日本語に訳され「九州日報」に掲載されている。漢訳『倫敦被難記』が上海で上梓されたのは一九一二年とされるから、それより十数年も先駆けた「幽囚録」は、寅蔵や編集者がいかに孫文を高く評価したかを物語っている。

しかし、そのころ在日華僑の孫文に対する態度は、決して友好的ではなかった。清朝の「戊戌《ぼじゅつ》変法（改革）」に取り組んだ康有為《こうゆうい》の方がずっと評価は高かった。横浜には彼を支える保皇会が生まれたが、革命志向の興中会はまだ十分に根付いていない。この状況下で孫文を支えたのが、寅蔵を含む日本の志士た

孫文と日本の同志。後列中央が孫文。そのうしろに宮崎寅蔵（『宮崎滔天全集』）

ち浪人層だった。政財界の支配層がようやく関心を寄せ始めたころである。

その夏、寅蔵は東京の犬養毅に呼び出された。急ぎ上京すると、犬養は卓上に五千円を並べて、「いっさいひもは付けない。何に使おうと自由だ。しばらく遊べるだろう」と中国漫遊を勧めた。清朝の末路を見極めてこい、といったかも知れない。寅蔵は即日、東京で借りていた家を片付け、孫文と陳白らを横浜へ戻し、平山とふたり早々に上海へ向けて出発した。

清朝大変

上海に上陸したふたりは別行動をとって、平山は北方へ、寅蔵は南方へ向かった。北京の政局はいまや、国政改革派と守旧派の対立が表面化して、不穏な空気が強まっていた。

その「間隙を衝く」というべきか、日清戦争後、中国では「義和団」を名乗る一団が貧農をまとめて外国人やキリスト教徒を襲う、排外運動が頻発した。ついには明治三十三年(一九〇〇)、北京の各国大公使館区域を包囲して外交官を殺害する事態になったため、日本を含む八国の連合軍が出動し、列強による中国の植民化が一層強まった。

この際の共同出兵がきっかけとなって、日本は欧米列強と肩を並べる東洋の帝国として世界史に台頭する。

寅蔵に戻る。彼はまず香港に行き、日本人なじみの東洋館を足場として興中会や三合会の連中と連絡を取った。ともに漢民族の再興を期する秘密結社で、興中会は民族主義、民権主義を掲げて孫文が組織を束ね、三合会もまた「反清復明（明を取り戻す）」の旗の下、反政府活動を展開していた。寅蔵は自ら求めてこれら組織と接触した。獅子が眠りから覚める瞬間を自分の目で見たいのだ。

広東にも足を延ばした。興中会のメンバーはもちろん、康有為《こうゆうい》につながる連中とも交際する機会を得た。康は北京にあって清朝中枢と交わり、いまや声望四海に及んで並ぶものなしの観がある。しかし、孫文一派は康を変節漢と見なし、彼の挙動をひどく嫌った。両派は顔を合わせると、たちまちいがみ合い、その度ごとに寅蔵は仲裁に入らなければならなかった。

ある夜、寅蔵が孫文派の密議に顔を出したところ、広東省城の軍施設を偵察して欲しいという話になった。安請け合いしたのがまずかった。寅蔵は毛むくじゃらにして長髪である。すぐに理髪職人が呼ばれて、頭の周りを剃って弁髪をつくり、和服に代えて胡服を着せられた。ひげも鼻の下だけチョボチョボと残しただけ。理髪屋は「好的好的」と引き上げていった。軍施設の偵察は翌日である。衛兵にとがめられた場合に備えて、寅蔵は広東語の通じない山東人を装うと打ち合わせは細かかった。

旅館に戻ると、香港から数通の電報が届いていた。「急用あり。すぐ帰れ」と。寅蔵は容易ならない事態を察して、翌朝早く、その日の広東での約束を果たせないわび状を残して、香港へ急ぎ戻った。

東洋館に入って「なんの騒ぎだ」と聞いたところ、「北京の改革派が失敗した」という。平山からの北京電でもはっきりしなかったが、光緒帝《こうしょてい》の側近、康有為の身辺で異変が起きたらしい。康は相次いで朝廷に政治改革を働きかけて信頼を得、いわゆる「戊戌変法《ぼじゅつ》」を推進した中心人物である。しかし、無階級社会（大同社会）を目指す彼の改革案は理想に過

康有為

ぎて、西太后派の巻き返しに遭い、康自身が失脚するハメに陥った。寅蔵を巻き込んだ騒ぎは、まさにこの余波だった。

地方の民衆が即時に、この政変の詳細を知るはずもない。香港の街では号外売りの声が飛び交い、広場はたちまち人であふれた。紫禁城から漏れてくる片々の情報だけでも、大衆の関心が康有為の身辺に集まるのは、成り行きである。康は失脚か亡命か、それとも謀反か。孫文派が「好機乗ずべし」といえば、康派は「誤伝なれかし」という。東洋館も呉越同舟で大騒動になった。

そのうち「康有為は上海を出て香港へ向かった」という、出所不明の情報が流れてきた。「これもデマのひとつ」と多くがうわさしていると、実は本ものだった。康有為は英国の郵船に乗り英国海軍の艦船に護られて、香港に入港したのだった。彼は香港政庁の保護を受けて、警察署の建物に籠った。

警察は無用な混乱を避けるため、康派の幹部しか接見を許さず、その中のふたりが内外をつなぐパイプ役になった。東洋館の寅蔵の元にも、彼らを通じて康の境遇や心境が伝えられた。しかし、いまとなっては、何をいったところで所詮は負け犬の遠吠えだ。

康の使いは暗に、彼が日本領事との面会を希望している、といった。それとなく真意をにおわせるのが中国流のようだが、寅蔵はこれがじれったい。そこで彼自身が日本領事館へ行って、康の亡命の道を拓くよう懇請した。日本政府はしばらく反応しなかったが、日数を重ねてようやく、康を迎え入れる旨の返電が届いた。康有為はすでに警察署から友人宅へ身を移していた。寅蔵が訪ねると、彼は身なりも整わず疲れ果てた様子で、短く礼をいった。そして、今回の北京政変の発端から敗局に至った経緯を連綿と語り、罪を西太后に帰して「これを除くことが急務である」と強調した。

後日、康の弟子のひとりが寅蔵のもとに「これから北方へ行きます（西太后暗殺の意）」とあいさつに来た。そして「康先生をよろしくお願いします」と静かに去っていった。康はその後も、西太后派の報復を恐れて精神的に揺らいでいたが、寅蔵らの励ましを受けて、近々香港を離れ日本へ向かうことになった。宿へ戻ると、有り難いことに、犬養から為替通知が届いていた。

闇夜の亡命

康有為の出国にあたっては、現地日本領事館を中心に綿密な計画が練られた。搭乗船は日本郵船の河内丸。欧州定期航路用に新造した大型客船で、日本への帰途、香港に寄港する。そこで日本郵船香港支店では、日英以外の船客を拾わず、船は定刻に出港したと見せかけて港外に繋留し、日没を待って康とその随伴者を本船に送り込む、という周到な計画を練った。河内丸の入出港が細かくチェックされた。時間的な余裕はない。

寅蔵も当然、康の一行に随伴する。彼は「康の脱出計画は上々」と納得したのだが、宿に戻ると、わが身の処し方が少々面倒だった。宿からこっそり荷を運び出すにはどうするか。思案の末、寅蔵がもっとも信頼する宿の雇人を呼んで因果をふくめ、「マカオへ行く」と人前をごまかして身支度を急いだ。その夜は小料理屋で仲間と過ごした。飲んで寝て、また飲んで騒ぐうち、朝が来て昼が過ぎて、やがて夕方である。

料理屋の窓から港が見える。わが河内丸はいつ入港したのか。気づいた時にはもう、黒煙を吐き錨を上げて、湾口へ向け動き始めていた。宿の男が驚いて、寅蔵の袖を引いたけれども、彼は泰然として酒を飲みつづけた。ようやく陽が落ちて辺りが暗くなるころ、寅蔵はおもむろに衣服を整え、みなに別れを告げた。そして千鳥足で料理屋を出、埠頭へ向かった。

ことは淡々と進み、寅蔵は小さな蒸気船に送られて、沖で待っていた河内丸へ乗り移った。康有為一行は九人、寅蔵ら同行するもの十一人。ともに甲板に出て祝杯をあげた。船は夜の闇の中へ吸い込まれて行った。寅蔵は康の心境を察し、なかなか寝つけなかった。

十月二十四日の夜半、船は神戸港の沖合で投錨した。夜明けを待って入港、接岸する予定だった。寅蔵は毛布をかぶって寝台に横たわった。うとうとするうちに乗務員に起こされた。甲板へ出ると、外務省の職員と警察官が「夜の明けないうちに上陸してくれ」という。寅蔵はあわてて康はじめ関係一行を起こして下船を急かせ、そろって水上警察の小型船で埠頭桟橋へ運ばれた。

警察本署で東の空が白むのを待って停車場へ向かった。寅蔵はこの間ずっと康に付き添った。翌日早朝の急行列車で東京へ向かった。

終着の新橋駅に降り立つと、平山周が迎えに出ていた。彼とは上海で別れて以来の対面だ。平山もまた、北京から梁啓超《りょうけいちょう》という男を連れて、一週間前に戻ったところだった。梁は康有為の高弟で、師弟は亡命先での奇遇を抱き合って喜んだ。

翌日、孫文が寅蔵の宿を訪ねてきた。康との面会を仲立ちしてほしいという。孫は康の現状に同情を禁じえず、慰めのことばの一つも掛けてやりたいという程度の気持だったのだが、康は拒絶した。

康から見れば、孫はそもそも清朝の逆賊にして許すべからざるもの。これに対して、康は皇帝の知遇を得て「大同変法」を試みた進歩派で、西太后一派に逐われる身になったが、いずれ大局を挽回して賢帝の治世を万全とし、大功をたてる立場なのだ。孫と同席することは、彼の自尊心にもかかわる。

康が東京入りした当初は世人の関心も高く、従って、彼を日本に連れてきた寅蔵も歓待を受けた。京橋の松栄亭という待合での馳走は、某子爵からの褒美だった。女将が遊ばせ上手で、後々寅蔵の身辺を彩る留香という女性もこのとき知り合った芸妓である。寅蔵は以来、不相応に、この待合をよく利用した。借金はたちまち山をなした。「松栄を飲み潰せり」と寅蔵の自著にある。

彼はやがて、芝愛宕山の対陽館を定宿とした。平山も一緒だった。初めて東京へ出たときの貧乏宿で、主人夫婦も覚えていてくれた。お蔭で、寅蔵の寝食の心配は軽減したけれども、康有為と孫文を提携させたいという夢は、はかなく消えた。康は明治三十二年(一八九九)春、日本での生活を見限り、横浜から海路、カナダ経由でロンドンへ向かった。

布引丸遭難

そのころ、孫文が対陽館に寅蔵を訪ねている。人を遠ざけて、ふたりだけの話になった。孫は声をひそめて「君の手で武器をフィリピンへ送る方法はないだろうか」といった。その意の先は、ひそかに部下の興中会メンバーを率いてフィリピンに渡り、その独立運動の余勢を駆って、中国に革命を起こす……。

十九世紀末、フィリピンの独立闘争は沸点に達していた。米西戦争で宗主国はスペインからアメリカへ代わったが、植民政策に変わりはなく、フィリピンは香港に革命委員会を設けて、各地でゲリラ戦を展開した。横浜の孫文のところへも、フィリピン革命軍のメンバーが出入りした。彼らは武器を求めていた。そこで、孫は寅蔵へ相談に及んだということだ。

寅蔵はたちまち熱くなった。孫文や平山周と諮って犬養木堂を頼った。彼は少し考えて「中村弥六に相談してはどうだ」といった。中村はシャムの植民問題の際にも相談に乗ってくれた人物だ。木堂の口利きで、彼を訪ねて武器購入の件を話すと、即座に引き受けてくれた。「背水将軍」はいま、「背山」を雅号としている。背山は運搬船の件を陸軍出身の近藤五郎（原禎）に委ねた。近藤はフィリピン独立軍に参加し、のち香港で武器輸送にあたった男である。


寅蔵は孫文の要請を受けて、別便で広東地方の視察に出かけた。長崎から香港行きの船に乗ったが、寄港先が多い上に、途中、暴風に見舞われるなどして、日程は大いに乱れた。福州に寄港したとき、船員から「昨日、上海沖で三井の布引丸が沈没した」と聞かされた。が、格別気に留めることもなかった。

香港の寅蔵は、なじみの東洋館に宿をとった。ロビーで館員と再会を祝っているとき、顔見知りの三井物産の社員と会った。寅蔵が布引丸沈没の悔やみを述べたところ、「あれは三井とは関係ありません」という。聞けば、二十日ほど前に中村弥六に三万八千円で売り渡したというのだ。

沈没した船が背山の持ち船とはどういうことだ。

寅蔵はただちに駕籠を飛ばして陳白の家へ行った。あいさつ抜きで、上海沖の一件を手短に話すと、陳は「君の懸念は本物かも知れない」といい、ふたりして街はずれのフィリピン独立軍支部へ走った。支部長が笑顔で迎えた。

「日本から電報は来ていないか」と陳が急かした。すると、支部長は「昨夜、電報を受け取ったが、何のことだかわからない」ので、そのまま机の上に放り出していた。そこで寅蔵が疑念を並べたところ、支部長は「布引丸」の船名を聞くや立ち上がり、テーブルをたたいて「間違いない」と泣き出した。

布引丸は、門司で弾薬六百万発、銃一万丁、大砲一門、機関銃十丁、ほかに大量の石炭などを積み込み、「湖南へ密送する枕木」とごまかして通関手続きを済ませ、長崎を出港していた。武器は日清戦争の戦利品として倉庫に眠っていたのを、払い下げてもらったものだ。その大量の武器を一挙に失うとともに、船長ら十七人が溺死したのだった。

支部長が「死んで詫びる」と興奮するのをなだめて、寅蔵は東洋館に引き上げた。翌々日もう一度、フィリピン軍支部を訪ねたところ、支部長はすっかり元気を取り戻し、仲間と再挙を図ろうと誓い合っていた。寅蔵はひとまず安心した。

その数日後、木内と名乗る男が東洋館に寅蔵を訪ねてきた。マニラの近況をポツリポツリと話す。はじめは寡黙だったが、そのうち平山周と近藤五郎がフィリピン独立革命の指導者アギナルドと会見したこと、自分たちは武器を急ぎ送るよう命じられて帰国の途にあること、などを話した。木内はフィリピン独立軍に最初に投じた日本人義勇兵のひとりだった。

フィリピン初代大統領　エミリオ・アギナルド

排満興漢

義和団事件の最中になる。康有為の亡命事件も刺激しただろう。湖南省に唐才常《とうさいじょう》という変法運動の活動家がいた。日本に亡命した康有為や梁啓超《りょうけいちょう》らの信任を得て光緒帝の復活を図ったが、結局は逮捕され、十数人の同志とともに処刑されている。勤王か革命か、その政治的立場はついにはっきりしなかったようである。

中国の中南部では、政治団体の興中会、三合会、哥老会《かろう》の三つが一体となって宮廷を廃し、孫文を統領に推戴しようと動いた。平山周が各地に足を運んで時勢を説き、哥老会の幹部畢永年《ひつえいねん》が説得役を務めた。寅蔵がかねて期待していた展開で、それが結果に結びついたと、彼はご機嫌だった。

香港での三派会同は格別の議論はなく、孫文を統領に選出した。会名は新しく忠和堂興漢会とし、「合衆政府を創る」という文言を織り込んだ綱領を定めて、総会長の印章を作った。

寅蔵はその夕、興漢会の誕生を祝って、日本料理店に主だった十六人を招いた。店主にはあらかじめ趣旨を伝え、鯉の生け作りを用意させた。客の大半が初めて見る姿料理で戸惑っていたが、寅蔵が「武士が戦場に赴くときの礼法である」と食って見せると、みな一斉にならい、乾杯が忙しくなった。そのうち大盃もまわり始めて、寅蔵は李白以来の酒豪とおだてられ、ついには酔いつぶされてしまった。この日の大盤振る舞いの始末は、後々まで寅蔵を苦しめた。

寅蔵はこのあと、広東内地を回る予定を改め、急ぎ陳白とともに日本に戻ることにした。孫文に総会長の印を渡さなければならない。

香港を出る前夜、寅蔵が友人と街中で酒を飲んでいたところ、彼の名を連呼して割り込んできた男がいた。灯りの加減もあっただろうが、凝視してもどこのだれともわからない。男は構わず座に割り込んできて、寅蔵の手を執り「おれを忘れたか」と大笑した。平山周だった。髪を切りヒゲを落とし垢じみた白衣を着けているところは、どう見ても下級水夫である。まわりに人がいるため敢えて面倒な話は避けて、ひたすら盃を交わして酔いつぶれてしまった。

翌朝早く酒場の隅で目が覚めた。平山から九死に一生のフィリピン事情を聞き、寅蔵は転換期の中国情勢を語って、これから日本へ戻ることを話した。互いの無事を約して別れた。寅蔵は旅館に戻って旅装を整え、港へ向かった。

船は上海まで、史堅如《しけんじょ》という少年と一緒だった。彼は発足したばかりの興漢会、なかでも湖南湖北の哥老会に興味を持ち、揚子江一帯で会党の先輩たちと交遊したいと願った。しかし、家族の許しが得られないため、思案の末、寅蔵の里帰りに便乗させることにした。寅蔵は少年を上海の哥老会に託して、本来の任務を果たすため日本へ向かった。史堅如は、明治三十三年（一九〇〇）の恵州事件に際し、革命軍のために爆裂弾を投げて殉じた少年として後世に記憶されている。

船は数日後、横浜に着いた。

寅蔵はまっすぐ外人居留区の孫文宅へ行った。ひと足先に再来日していた陳白も一緒だった。何はさておき、興漢会の総会長印を手渡すことだったが、本人もすでに了承済みの話だったから、まったく手間はかからなかった。話題はむしろ、フィリピン独立運動の展開にあり、布引丸沈没の衝撃をいかに修復し乗り越えるかに集中した。フィリピン情勢はそれほどに、アジア周辺国、とりわけ中国や日本の強い関心を呼んでいた。

梁山泊

寅蔵の東京の宿は対陽館である。ある日ひょっこり、南斗星こと末永節が訪ねてきた。かつて一緒にシャムへ行った仲間のひとり。いまは狼嘯《ろうしょう》を称している。「なかなかやるなあ」が久しぶりのあいさつだった。

末永の話では、彼は布引丸に乗るつもりだったが、「運よく」熱病にかかったので助かった、とか。寅蔵が中国情勢を話したところ、末永はおおいに関心を示し、「何をやるにも資本が第一」と資金づくりの指南役を買って出た。そして、寅蔵を九州の資産家中野徳次郎に引き合わせ、実際に大金を出させたのだった。中野は炭鉱事業で財をなし、政界にも通じて、中国の革命家を物心両面で支援したとされる人物である。博多の島田経一も力になってくれた。

末永は以来、対陽館の住人になった。博多の先輩福本誠（日南）も加わってきた。彼も多血漢のひとりで、若いころフィリピンの民情調査に出かけ、維新の英傑とされた副島種臣を担いで東邦協会を設立している。彼は日清戦争で従軍記者となり、のちヨーロッパ漫遊にも出かけた。その旅から戻ったところを末永につかまり、寅蔵と懇意になった。のち黒龍会を主宰する内田良平はシベリアから、熊本出身の清藤幸七郎は中国から加わってきた。香港の平山周、フィリピンの近藤五郎も戻ってきた。

対陽館は壮士烈士の梁山泊と化した。寅蔵の表現によれば「人多ければ山さえ食らう」。苦労して集めた軍資金も、宿屋の飲食で見る見る減っていった。統領の孫文は見るに見かねたというべ

内田良平

福本誠

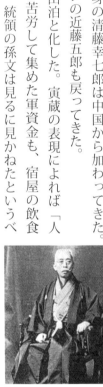

きだろう。ある日、寅蔵のところへやってきて「フィリピン再挙の準備は整った」といい、政府の監視は厳しいけれども「まさに義軍を興すとき。ことは拙速にあり」と力強かった。次いで内外の傘下組織へ向け「よろしく進んで背水の陣を張るべし」と大号令を発した。

南への旅が始まった。

孫文はまず平山と陳白を香港へ先発させ、後続の受け入れづくりを依頼した。そのあと孫以下、清藤（呑宇《どんう》）、内田（硬石《こうせき》）、鄭士良《ていしりょう》、そして寅蔵の五人が出発した。鄭は初顔だが、孫文とは医学校時代からの親友で、会党工作では孫の片腕と評された。福本と近藤は一便遅れの船を利用した。末永節と島田経一は九州の筑前で後衛を務める。

寅蔵は長旅に出るにあたって、情婦留香に未練たっぷりだったが、「九州へ行く」と誤魔化して横浜へ向かい、香港行きの郵船インダス号に搭乗した。それでも想いを絶ち切れず、寄港先の上海から恋文を送り、自分を慰めている。それでいて、故郷の妻子にはなんの連絡もせず、「死を決した男はこんなものだ」と開き直った。煩悩さえ断てば、船旅は気楽だった。警官はおらず探偵も尾行せず、船の乗務員はトランプの好敵手で、「手のウチ」さえ警戒していればそれで十分だった。

深夜の密議

船は香港に着いた。港内に中国船が一隻、待機していた。孫の指示により内田と清藤、寅蔵の三人が乗り移った。船は夜遅く広東省城に接岸し、寅蔵らは立派な邸宅に案内された。彼らは大そうなもてなしを受け、香港へ戻ったときは午前三時を過ぎていた。孫文を乗せた船はそのころ、サイゴンへ向かっていた。彼は香港の保安条例で締め出されているため上陸できず、サイゴンで別便の福本日南と合流し、寅蔵たちとはシンガポールで合流する約束だった。

それにしても、真夜中の寅蔵らの行動は何を意味するのか。訪問先の主人は伏せられ、言動についても記述がない。この記事の主たるテキストとした「三十三年の夢」（岩波文庫）本文には「この一段の事は少しく小説的なり、ただ、こと他人の天機に関連するものあり、故に今これを言う能わざるを恨む」とある。

とかく冗舌多弁の寅蔵がこれほど口を閉ざすのは、よほどのことに違いない。ところが、この本では、全集本でもそうだが、末尾に詳細膨大な「注」が施されていて、読者の理解を大いに助けてくれる。原文の筆者「宮崎滔天」の気遣いを反古にするのは申し訳ないけれども、この注記の援護を仰がなければ、原文を読みこなすことはよほど難しいことのように思われる。その注記からの読み取りである。

その夜、寅蔵ら三人が案内された先は、両広総督李鴻章《りこうしょう》のブレーン劉学詢《りゅうがくじゅん》の邸宅だった。そこで寅蔵らは船中会議に基づいて、李鴻章に対しシンガポールにいる康有為との提携を希望した。孫文はもとより賛成である。また李鴻章より提案（密書）のあった孫との会談については、㈠孫文の生命を保証する㈡孫文が亡命中に背負いこんだ十万円を補てんする、を条件として受け入れるとした。孫はこれを蜂起資金とする考えだった。以上に加えて、劉学詢から寅蔵に工作資金の一部が渡されている。ただその一月後、李鴻章は直隷総督に転任したため、孫文との提携話は立ち消えになってしまった。

李鴻章

この話が康有為の弟子たちを刺激したと思われるのだが、寅蔵と清藤が後日シンガポールに上陸するころには、彼らは李鴻章の放った刺客として公安当局にマークされていた、と見るのがわかりやすい。

話を戻して、寅蔵らは深夜、香港の東洋館に入った。

平山と陳白が待っていた。加えて、旧友の玉水常治が東洋館に滞在していた。玉水はかつて大井憲太郎らの朝鮮事件（爆裂弾密造等）に連座して逮捕されたが、収監先の監獄を脱け出して潜伏中、憲法発布の大赦に浴して放免されたという経歴の持ち主。寅蔵もその筋の先輩として懇意の仲だった。玉水は「何か面白い企てはないか」と聞いた。寅蔵は「中国に勝るものなし」と、いわくありげにいって別れた。

寅蔵と内田、清藤の三人は香港に三日いてシンガポールへ向かった。同地では、李鴻章の意を含めて孫文と康有為の連携をはかり、以後の方針を一定するよう努める。いま一つは、その地で多額の軍資を期待できるかどうかを見極めることだった。見通しがなければ、広東へ引くまでである。

シンガポール

シンガポールでは松屋旅館に入り、別便の孫文や福本日南らの南下を待った。ここは寅蔵には疎遠な都市だったが、亡命中の康有為には李鴻章や孫文の和解案は伝わっているはずである。寅蔵は早速、康の腹心を介して面会を求めた。ところが、意外なことに、康は面会を断ってきた。刺客を警戒したのだという。寅蔵は怒るより呆れてしまったのだが、以後この男とは大事を謀るに足らず、と思ったのだった。

ちなみに、康有為は明治三十二年（一八九九）三月離日したあと、カナダとロンドンを往来して日本への再入国を希望した。しかし日本政府の許可を得られなかったため、やむなく香港で一時をしのぎ、三十三年（一九〇〇）二月からシンガポールに滞在していた。

寅蔵はよほど「厄病神」に取りつかれたと見える。一行がシンガポール入りしたときは六月も末、暑さも盛りだった。途端、内田が「帰国する」といい出した。「理由はない。ただ帰国したいから帰国する」というばかり。孫文や福本が来るのを待つ気持もないという。

寅蔵と清藤が手を焼くうちに、内田は日本行きの船にさっさと乗り込んだ。

清藤は何ごともなかったように、旅館のボーイを呼んで囲碁を始めた。寅蔵はその脇でひとり琵琶を奏でて無聊《ぶりょう》を慰めていた。そこへ和風旅館にはなじまない靴音がして白人の大男が現れ、右手をかざして「静かにしろ」と声を上げた。寅蔵がびっくりして立ち上がると、廊下へ引き出され、二人がかりで寅蔵のからだを撫でまわした。次いで、まだ碁盤をにらんでいる清藤にも拘引状を示して、全身チェックが行われた。平山と内田に対する拘引状も用意されていたが、ここにいないことを知って彼らは少しがっかりした様子だった。

その場で聞き取りも行われたが、要点はシンガポールに来た目的と康有為との関係にあるようだった。第一問については観光周遊のため、第二問については康有為との永い付き合いを説明し、寅蔵らが刺客に擬せられているという風説はまったく事実と異なることを強調した。審問はおよそ二時間を要した。ところが所持品検査で寅蔵の荷から三万円の現金が見つかり、周遊旅行にしては不釣り合いな大金だと、寅蔵と清藤は警察に拘引されることになった。香港で劉学詢に託されたあの金である。警察差し回しの馬車に乗せられる直前のスキを見て、寅蔵は旅館のボーイに、明後日入港予定のフランスの郵船で福本日南という男が来ることを伝え、その上陸前に「今日の出来事を告げ、他所へ去るよう伝えよ」と命令調でいった。

馬車は寅蔵と清藤にそれぞれ一輛を振り当て、担当警吏の付き添いで警察署へ向かった。警察署では、薄暗い廊下を抜けた奥の鉄扉に閉ざされた部屋に連れ込まれ、ふたりして顔を見合わせているうちに、早くも旅館の主人と女将が従僕とともに慰問に訪れ、布団やラムネ、パンの類を差し入れて帰った。布団に横になると、清藤はたちまち雷のようないびきを響かせて寝入ってしまった。寅蔵も留香女史に想いを馳せるうち眠りに落ちた。

鉄扉の中

警吏の大声で目を覚ますと、ただちに監獄へ引っ立てられた。二重壁の監獄の門をくぐると、警吏が先に立ち兵士が後ろに従った。清藤も同じ編隊でつづいた。まるで殺人犯のようだ。さらに看守長の控室で警察の送状の照合とともに着衣の検査が行われ、寅蔵は羽織のひもを取り上げられた。さらに身長体重の計測があり、ほくろの部位まで記録された。そこでようやく、仮住まいの一室をあてがわれた。

部屋は十二畳ほどの広さがあって、両角に寝台がある。ゴザと毛布が一枚ずつ。また一隅に大小便桶と飲用を兼ねた洗面桶がある。三面は煉瓦壁で、天井の高さは七、八メートルもあろうか。天窓はその最上方にある。床に転がると、井の中から天を望む感じがして、寅蔵は不愉快極まりなかったが、清藤は「日本の牢屋にくらべれば客間のようだ」と笑った。

そのうち、ふたりは別々の房に移された。旅館の女将の差し入れはつづいた。握り飯や魚肉類の煮つけもの、たばこ、菓子など。看守長は「君は日本の要人と聞いたから黙許する」といった。この特典は清藤にも保証された。一日八時間の運動時間には、まず見張り看守に煙草をやり、同囚の友にシガレット一本ずつを配った。恩恵に与かる連中は寅蔵に愛想よく、本人も獄中の覇王か徳望ある大統領気分に浸ることができた。

三日目の午後やっと審問が始まった。法廷中央に大きなテーブルがあって、寅蔵は審問官と植民地太守（総督）に向き合った。左右に陪席判事や日本副領事、通訳官ら。警視総監の顔も見える。被告の両脇に警官、背後に兵士が銃剣を捧げて直立している。

審問では、寅蔵らの所持金の多さと、荷包みの中の日本刀に疑念が集中した。これに対する被告人の弁舌はおおいに冴えた、と想像する。サムライの共助共済システムや刀剣に込められた日本魂論など、寅蔵のもっとも得意とするところだ。相手の理解を助けるより先に、混沌を誘ったのではなかろうか。独演会は三時間にも及んだ。おかげで、清藤に対する審問は中途半端に終わった。

次の日も同様、寅蔵が一方的に押しまくった。裁判官、検察官の方に疲れが目立った。審問は多岐にわたって、寅蔵らはその真意を測りかねたが、中国改革派の要人を暗殺する意図があったかどうかが、問われているようだった。要人とは康有為のことである。彼がシンガポールに身を潜めているときだけに、当局が神経質になっていたことは想像に難くない。

次の日。ふたりは朝早く政庁に連行された。正面に太守と議政官が陣取り、警視総監も立ち会って、康有為暗殺の企て如何を質されたが、断固として否定した。これで審問は終わったらしく、しばらく別室で待たされたあと審議室に戻されて、太守から最終判決が下された。「(被告人は)シンガポールの保安を妨害したと認め、その管轄区域より五年間の放逐を命ず」と。

それでいて、なぜか寅蔵と清藤は旅館に戻ることを許されず、馬車で牢獄へ送り返されて、そこでシンガポール最後の夜を過ごした。旅館の女将が面会に来て、孫文も福本も寅蔵らと同じ船で出国すると教えてくれた。彼らは三日前シンガポールに上陸したが、旅館の機転で別のホテルに籠って難を避けたという。もっとも福本の後日談によれば、孫はこっそりホテルを脱け出して太守に面会し、寅蔵らを援護したということだ。ともあれ、大事にならなくてよかった。


夜が明けると快晴だった。監獄の前で、警視総監が押収品を持って馬車で待っていた。寅蔵と清藤はそれに乗って埠頭へ向かった。日本客船佐渡丸の甲板上に孫文を見つけると大声をあげて駆け寄り、抱き合って互いの無事を祝った。群衆の中に、康有為の亡命旅行に付き合ってきた通訳兼警護役の中西某という男もいた。彼もまた寅蔵らのあおりを食って短刀を取り上げられ、二日間警察に拘留されていた。あまりに馬鹿馬鹿しいから、康の付人を返上してこのまま日本へ帰ると息巻いていた。

多くの在留邦人が埠頭に集まって、別れを惜しんだ。旅館の主人と女将は寅蔵の顔を見て泣いた。船は銅鑼《どら》の音とともに桟橋を離れた。

船上の虜囚

シンガポールにフィリピン再挙、南清侵攻の足場を築くという、孫文の第一構想はあえなく潰えてしまった。しかし、次なる香港作戦もそれほどしっかりした見通しがあったわけではない。実際、マレー半島の沖合を北上する船内では、何度も持ち上がった話題だったけれども、結局は香港の情勢次第となった。万策尽きれば内陸に潜行するほかなかろうと、寅蔵は考えていた。

佐渡丸は予定より早く、香港島の向かいの九龍に着岸した。寅蔵と清藤は下船すると、まっすぐ平山周と近藤五郎を訪ねた。ふたりは香港に腰をすえて、情勢を見極める役割だった。お互いの無事を確認し合って、まずは乾杯である。

そこへ、領事から寅蔵宛ての便が届いた。開いてみると、「要談あり。ただちに来庁を乞う」とある。何ごとならんと出向いたところ、領事はいった。「香港政庁が貴君らに強い関心を寄せている。ことによっては拘禁されるかも知れない。この炎暑の季節に獄舎に繋がれるようなことになると、間違いなく健康を損なう。貴君らの事情もあるだろうが、この際いったん帰国してはどうか」と。さらに顔を曇らせて「悪疫も流行る気配なので……」と付け加えた。領事は多少の反発を覚悟した物言いだったが、寅蔵はすんなり了承した。「すでに帰国するつもりで、日本までの切符も買ってある」。途端に領事は笑顔になって握手を求め、寅蔵の後ろ姿を見送った。

寅蔵の帰国話は出まかせだった。人を欺くのも手の内、と悟ったのである。平山のところへ戻ると、近藤とふたり酒を飲みながら雑談にふけっていた。寅蔵を見るなり「いいときに戻ってきた」という。聞けば、先ほど国警部長が来て寅蔵の行方を捜していたというではないか。そこで一杯あおって清藤とふたり九龍に停泊中の佐渡丸に戻ると、孫文がこちらでも警吏が捜していたといった。孫は香港では保安条例で締め出されているから、船の留守番を余儀なくされている。

何ごとかと、孫に付き添ってもらって汽船の警吏に尋ねたところ、彼はおもむろに紙片を取り出して一気に読み上げた。「政庁より命あり。保安条例に照らして五年間の放逐を命ず」。寅蔵は毒づいた。「康有為は香港にいない。たとえ殺したくても、どうしようもなかろう」。警吏は「政庁の命によって伝えるのみ。でも、ほかに何かあるのではないか」と、いわくありげだった。寅蔵と清藤は佐渡丸の虜囚となった。

これは彼らにとって一大事である。シンガポールに拠点を築くという第一策に失敗し、次善の策とした香港上陸作戦も早々に封じられたのだから、しばし声もない。甲板上では警吏の目もうっとうしくて、だれが誘うともなく、みな一室に籠った。いたずらに時間が流れてのち、統領の孫文がおもむろに口を開いた。

要約すれば、以下のような話だった。㈠香港での準備の全権は福本に託し、平山と近藤が補佐する。㈡時機いたれば鄭士良が義旗を掲げ、近藤を参謀として、日本の同志はこれを補佐して要地を占領し、福建省の厦門《あもい》付近まで兵を進める。㈢孫は戦況を見ながら台湾から密航して連絡をとる。寅蔵、清藤は孫と行動を共にする……。

これを受けて、福本は夜陰に紛れて九龍に上陸し、広東省城に出ることを主張した。「要は神風連のように、一気呵成あるのみ」といった。寅蔵も賛成した。ところが、孫は彼らの主張に強く反対した。やみくもに走り出すことに危惧を示したのである。寅蔵と孫の間で激論になった。そのうち一人去り二人去りして、最後は寅蔵ひとりが取り残され、自室に戻っても容易に寝つけなかった。

福本も寝つけない。寅蔵を誘って甲板上に出てみると、目の前に二人の英国警吏が立ち番し、ほかのふた隅にも中国の巡査が立っていた。孫一味の行動を見張っていることは明らかだった。下をのぞくと、水上警察の蒸気船が浮かんでいた。この状況ではなるほど、ことは一気呵成にいかないことは明らかだ。寅蔵は孫文に意固地になり過ぎたことを詫びて、福本ともどもあらためて忠誠を誓った。


次の朝早く、孫は寅蔵を別室に呼び出した。先日、友人の香港総督ブレイクと密かに会ったとき、彼から思いがけない話を聞かされた、ということだ。即ち、「李鴻章に『両広』の独立を宣言させて、孫文に新政を委ね、香港総督はその保護者になる」と。「両広」とは広東、広西両省をいい、李鴻章はその「両広」の総督だった。

孫文の話によると、李鴻章はこの話に乗り気だったが、義和団が勢いを増すなか、清朝廷は李の北上を強く求めてきた。李は情に堪えず北京へ向かおうとしている。ブレイクはこれを思い止まらせようと、ふたりはその日十一時に密会する予定。李がもし上京を取りやめるなら、孫文に対する香港立ち入りも解禁され、ともに総督の密議に加わることになろう、と。

万一の事態に備えて、孫は寅蔵の意見を聞いておきたいということだったが、夕刻になって「李鴻章は結局、上京することになった」と伝えてきた。寅蔵はあらためて、表裏陰陽の絡まった中国の複雑怪奇を見る思いだった。


日が暮れた。孫文は船中の一室に寅蔵らを集めて、断固たる口ぶりでこの先の態勢について提議した。「福本日南は香港に留まって将来に備える。挙兵の場合は鄭士良を大将、近藤五郎を参謀にあて、福本を民政総裁、平山周を副とする。その他の同志はみな大将を助けて内地に進入する」等々。異議を挟む者はいなかった。残留組は船を出て、夜の街へ消えて行った。香港上陸を阻まれた孫と寅蔵それに清藤が甲板上で見送った。

佐渡丸は錨を揚げて、日本へ向かった。

恵州蜂起

孫文は明治三十三年（一九〇〇）秋、清藤とともに台湾へ渡った。台湾総督児玉源太郎、民政長官後藤新平の時代である。孫文は広州蜂起の構想を秘めて、台北市に軍事司令部を置いた。そして十月初旬、鄭士良が恵州三洲田（広東省）で挙兵したのである。

あらかたの戦略と人事はさきの香港での船中会議で決定されていた。しかし、いざ実戦となると、味方の調整や敵方の戦法にてこずるのは当然のことである。日本軍は孫文傘下のグループと、この乱を口実として、厦門に進出する密約を交わしていた。日本の陸軍一個旅団がより早く厦門港に入り、陸戦隊が上陸して東本願寺を焼き払ったのは作戦どおりの話だっただろう。列強の反発を危惧した伊藤博文が、この軍事行動を中止させたと伝えられるけれども、一時的にも日本軍が宣戦布告なしで介入した事実は、革命グループが蜂起する有力な口実になったはずである。

旧台湾総督府

孫文は間髪を入れず、「恵州に義軍おこる」の電報を日本へ送った。フィリピン大統領アギナルドから託された軍費に他の寄金を積み重ねて、挙兵に踏み切った。孫文は次なる厦門進撃に備えて、「武器の準備を頼む」と寅蔵へ打電した。ここにいう「武器」もまた、フィリピンの志士マリアノ・ポンセから孫文に譲渡され、政治家中村弥六（背山）が管理しているはずのものだった。

その最中、台湾総督府は内閣改造を機に、日本軍の厦門侵攻の密約を取り消した上、孫文に台湾から退去するよう求めた。もはや日本軍との共同作戦など期待するべくもない。孫文と傘下の組織ははしごを外されたも同然で、たちまち兵力と物資の補給に行き詰まり勢いを失った。この過程で、日本人として唯一、革命組織の前線に立った山田良政が行方を絶った。

湖南の政治結社、哥老会はついに動かなった。孫文の軍事組織は戦闘二十日にして解散した。

フィリピンへ武器を運んでいた布引丸が上海沖で沈没し、フィリピン独立闘争を著しく鈍らせてしまったことは、記憶に新しい。これによって日本とフィリピン間の東シナ海航路が疑惑の目で見られるようになったのも、やむを得ないことである。

アギナルドは米西戦争後の明治三十二年（一八九九）一月、反米独立を掲げて大統領に就任したが、当初から武器弾薬不足に悩まされ、それを補うためにポンセという人物を日本に派遣した。ポンセは孫文を頼った。孫文はフィリピン独立革命を成功させ、その勢いを駆って南方から中国大陸を席巻する夢をめぐらせていたに違いない。フィリピン軍への支援話は孫文から寅蔵、寅蔵から犬養へと伝えられ、最終的にはその筋に顔の効く政治家中村弥六が政商大倉組に掛け合って、軍の払い下げ物資をポンセにつかませたということだ。

最初の取引分は布引丸の遭難で海の藻屑と化してしまったけれども、ポンセはそれにめげず、あらためて大倉組から三百万発の銃弾を買い付けた。ところが不運なことに、フィリピン独立軍の敗色が濃くなって、現地への武器輸送は一層難しくなった。アギナルドは苦悩の末、すでに購入済みの武器銃弾はすべて孫文に譲ることにした。孫文の胸に秘めた広州蜂起が現実になれば、フィリピン独立運動にも好影響をもたらすと判断したのだろう。結果的に、フィリピンの独立はそれから半世紀後、第二次大戦の終結を待たざるを得なかった。

痛恨の涙

寅蔵は東京に留まって、孫文の革命組織の武器輸送を担当した。ポンセから孫文に譲られた武器弾薬は手つかずのまま業者の倉庫に納まっていたが、その売買に関わった中村弥六の言動が寅蔵には解せなかった。それもそのはず。弾薬そのものが使いものにならないというのだ。陸軍省は「廃弾」といって払い下げたようだが、中村はそれを承知でポンセに売りつけた。それとは知らないポンセは、おそらく書類上の点検だけで、そっくり孫文に譲ったのである。

孫文は恵州蜂起に際して、それを戦場に送るよう寅蔵に指示した。寅蔵は大倉組の送出作業を急がせた。実際には、その作業がもたついているうちに、恵州の戦いはしぼんでしまった。

収まらないのは寅蔵である。中村は廃弾と知りながら大量の銃弾を高値でポンセに斡旋した。そのときポンセが支払った代価は六万五千金（円）だったとされる。これに対して売り手の大倉組は五万金しか受け取っていないという。その差額一万五千金は、中村のフトコロに入ったとしか考えられない。布引丸事故関係分がどのように処理されたかわからないが、中村が偽造した巨額領収書が表沙汰になって彼はついに頭を下げた。

新聞も大々的に報じた。最終的には、大倉組が一万五千金、中村が一万三千金をそれぞれ、フィリピン独立軍の権利を継承した孫文に弁済して幕を引いた。寅蔵は「中村弥六の肉を喰らい血をすすっても、なお飽き足らない」と怒りを爆発させた。


とはいえ、この事件の幕の引き方については、必ずしも皆がみな納得したわけではなかった。寅蔵身辺ではむしろ逆で、対陽館の同宿者の中には「寅蔵のクビを打ち落とす」と息巻く者さえいた。自ら進んで内情を話さなかったことが、不信を大きくした。明治三十四年（一九〇一）正月、犬養木堂が一統の融和を図ろうと自宅を開放して宴を張ったときのこと。硬派の内田良平が寅蔵を面罵して膳の鉢を投げつけ額を割った。座は血塗られて修羅場と化した。親睦どころではなかった。

眉間を割られた寅蔵は、昼間は人に紛れてそれほどにも感じなかったが、寝床に入ると痛みを覚えて、しばしば悲憤やるかたない涙を流した。寅蔵の額に三日月模様の痕跡が残った。傍目には内輪喧嘩としか見えなかったが、寅蔵は少なくとも孫文だけには理解してほしいと、床に臥せて中村弥六事件の経過を延々と綴った。布引丸遭難以降の本文は、寅蔵が悔し涙で書き置いた「孫逸仙に与うる書」の要約の、そのまた要約である。

寅蔵は、その年の前半を通して、ほとんど対外的な活動をしていない。部屋にこもって心とからだの傷を癒しつつ、文章を書いていた。その作品『狂人譚』が「二六新報」紙上に登場するのは、六月半ば過ぎになってから。省みて、菲島《ひとう》事件ことフィリピン独立軍の支援活動と、尻すぼみに終わった中国の恵州事件は、寅蔵にとって「痛恨の情に堪えざるもの」だった。それだけに、この期間は自省自戒の時ともなっただろう。モノを書くことで、自分と生活を見つめ直す時間が増えた。

故郷に放置した妻子を思い出した。待合松栄や旅宿対陽館、香港の裏町のことなども思い出した。近くは寅蔵が居ついた留香女史の家のこと。辛うじて芸者稼業で糊口を凌いでいるが、母娘喧嘩が絶えない。それでも寅蔵は留香への未練を断てず居候を決め込んでいる。連載記事の筆名は「不忍庵主」。不忍池畔の住いに由来することはいうまでもない。

第三部　野分《のわき》

年の瀬、妻ツチが上京してきた。寅蔵が脚気に冒されて病床にあると聞き、心配して駆け付けたのだった。寅蔵は元気だった。おそらく彼の案内だろうが、その秋から横浜大同学校で教べんを執っている一兄民蔵も誘って、三人で横浜山下町の孫文の仮寓を訪ねた。孫は「ヨク来マシタ」と日本語で迎えてくれた。

その夜はみな孫文宅に泊ることになり、そろって食卓を囲んだ。その場でツチが正直に、生活に困っていることを愚痴ったところ、孫文は一枚の家族写真を取り出し「私の家族もいまハワイで貧困と戦っている。彼らが涙に打ち勝ってくれることが革命の一番の力です」といって目を潤した。寅蔵は孫文の涙を初めて見た。

桃中軒牛右衛門

寅蔵ら三人は孫文宅で一夜を明かして退出した。帰途、民蔵の学校に立ち寄り、その一室で故郷の始末についてあれこれ相談したのだが、ほぼ話題が尽きたころ、寅蔵が突然「浪花節語りになる決心をした」といった。彼のいうには、浪人の身で他人の世話にならず家族を養っていくのは、たいへん難しい。だからといって商売をやっても、「武家の商法」でカネになるまい。歌って客の喜捨を受けることは、卑しいことではない。これまでの憂さ晴らしにもなる……。「兄さんも了解してもらいたい。お前も承知してくれ」と。

ツチも民蔵も仰天した。ことにツチの驚きは大きく「革命の研究と宣伝に努めるのが、ただ一つの道」と涙ながらに訴えた。民蔵も同様、考えを翻すよう説いた。でも寅蔵は「革命の進行は一瞬もゆるがせにできない。だからこそ、軍費の調達も同志の糾合も歌でやるのが一番手っ取り早い」と考えたのだ。ただ、それをうまく言葉にすることができないでいた。

実はこれより先、寅蔵は熊本市の料亭の女将にひそかに情を明かして、憐れみを乞うていた。これには女将も驚いて「まだ世をはかなみたまうお年とも思われ申さず候ところ、いかなるお考えにてさような決心を遊ばされ候や」と思い留まるよう訴えて、「お車代の足しに」と五十円を送ってくれた。寄宿先の留香女史にも転身を告げていた。また、親友の清藤幸七郎にも胸の内を明かしていた。ともに驚き呆れ、説得に努めたけれども、寅蔵の決心に変わりはなかったということだ。

寅蔵夫婦は兄と別れ、東京へ引き返した。その道すがら、寅蔵は「いま売り出し中の桃中軒雲右衛門がおもしろい」と、早速その夜の寄席に連れて行った。ツチはまだこころの整理ができず、雲右衛門の熱演中も泣いてばかりいた。寅蔵はツチが密かに涙を拭っているのを見て、「さすが雲右衛門だ。泣かされるねエ」と、ひとり悦に入っていた。ツチはそんな夫に憤りさえ覚えたが、反応する気力もなかった。彼女は次の日、熊本へ帰って行った。

桃中軒雲右衛門

明治三十五年（一九〇二）三月二十三日、寅蔵は芝愛宕下町の寄席八方亭に桃中軒雲右衛門を訪ね、直に門弟子を志願した。何の手蔓も紹介状もないのだから、雲右衛門も戸惑った。たまたま部屋の隅に「二六新報」があったので、寅蔵は連載コラム「三十三年之夢」を示し、筆者「白浪庵滔天」は自分のことだと話した。前年の不忍庵主「狂人譚」に続く新聞連載だった。

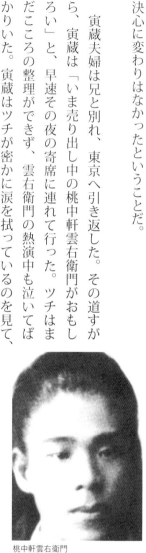

ついでながら、彼は生涯通じて実に多くの名前を使った。親がくれた戸籍上の名は「虎蔵」。しかし、いつのまにか「寅蔵」が定着した。シャム行のときは「南蛮鉄」。文章を寄稿するたびに筆名や号を代え、一時は「牛右衛門」の芸名も加わった。「滔天」の名は前記作品「三十三年之夢」の半生記に付した。ことあるごとに、異なる名を持ちだした。その中から「滔天」名が定着したのは、「三十三年之夢」の評判がよかったからだと思う。多くの読者を得て、同時に「滔天」名が流布していったのではないかと推測する。本人はこの「滔天」という、沖天を駆けるが如き渾名に関わらず、終生、浮沈の激しい人生を送ったが、いまとなればすべて人間滔天の宿命とするほかあるまい。

これより先は、「寅蔵」改め「滔天」との付き合いになる。

雲右衛門はしばらく新聞と滔天の顔を見比べていたが、「よろしい」といってくれた。そして次の日、彼は夫人を連れて、不忍池畔の滔天の住い、二階の四畳半を訪ねてきた。前日、住所は教えてあった。滔天は師弟の礼をもって迎えた。雲右衛門は「これは偽物でないぞ」とつぶやいた。夫人が吹き出して「実はご冗談とばかり思っていましたが、疑いは晴れました」といった。滔天が「それでは師弟の義を」と酒を注ぐと、雲右衛門は「兄弟の義を」と盃を返した。

留香女史の母はこの時、滔天の異変を察知した。階下で何やら、母娘の罵り合いが始まった。留香が滔天の部屋に来て、泣きながら留まるよう訴えた。それも効きめがないと知ると「また、つらい芸者稼業をせにゃならぬか」と涙にくれたのである。やがて、滔天は留香の家を出て雲右衛門のところへ引っ越し、桃中軒一門に名を連ねることになった。芸名は牛右衛門である。

一週間ほど経ったころ、師が門弟の居並ぶなかで「ひと声出してみよ」という。滔天は見台についた。阿母《おかあ》さんが三味線を持って傍らに座り「マダですよ、マダですよ」と抑えながら突然、三味線を弾いて「ヤッヤッ」と気合を入れた。それが歌い始めの合図なのだが、新弟子はまったく声が出ない。何度やってもダメ。師匠が慌てて酒を持ってこさせ、冷酒をコップで飲ませた。そこで一呼吸おいて、三味の音に合わせてノドを絞ったところ、調子はずれながら「親分頼む親分頼む、の声さえ掛けりゃ……」と、か細い震え声が聞き取れた。初練習が終わったころ、滔天は汗びっしょりになっていた。

軽便乞食

だけど、滔天は事ここに至ったことをどこか恥じる気があって、別途『軽便乞丐《きつかい》』なる文章で自ら納得するべく努めてはいるが、知友人には黙っていた。ある日、遠縁の弄鬼斎《ろうきさい》こと一木斎太郎の家に寄ったとき、たまたま政治家の麻翁こと神鞭知常《こうべんともつね》が来合わせて、ともに酒を飲んだのだが、話のはずみで滔天の大転身を知った。途端、翁は大声で「何たる意気地なしか。貴様のような奴に盃はやれぬ。畳に飲ませてやる」と叫んで、本当に盃を放り出してしまった。これには滔天も怒って「俗政治家の盃なぞいらぬ」と突き返した。あとは応酬延々。怒鳴り合いは夜中までつづいた。

翌日、翁の門下生が来ていうには、翁は帰宅するなり布団に入って泣き伏し「なんとか助ける方法はないか」と問いつづけた。これを聞いて滔天も涙が止まらなかった。数日後、犬養木堂から手紙が届いた。「君は何右衛門とかの門弟子になって祭文語りの群れに紛れるとか。信じがたい話だ。ぼくはこの風説が間違いであることを祈る」と。さらには犬養の使いが来て翻意を促したが、ムダだった。

しかし、必ずしもみながみな、否定的な反応を示したわけでもなかった。すでに雲右衛門の門弟となったあとの話だが、ある日、師匠を伴って雲翁こと頭山満の邸を訪ねる機会があった。頭山は国家主義の大立者である。滔天がコトここに至ったいきさつを話すと、彼は笑みを浮かべて「何でもよかろう。人はいろいろいうだろうが、もっともなこと。君が肯じないのもわかる。僕は両方に賛成しよう。とにかく幕ぐらい作らじゃコテ」といってくれた。滔天はこのひと言で救われる思いがした。頭山は滔天のにぎやかな酒を好み、先取りして「祭文語りになっていたらば、いまごろは世界一になっておったものを」と冷やかしたこともある。それがまさか、本当になるとは思いもしなかった。

頭山満

その夏、熊本のツチに「至急親展」の手紙が届いた。差出人は滔天である。開いてみると「金を工面して上京せよ。雲右衛門を連れて巡業したいのだが、雲も素寒貧で云々」とある。おそらくツチは実家に頭を下げただろう、急ぎ支度を整えて上京した。

雲右衛門と滔天は、ツチの表現では「福の神でも舞い込んだように歓迎して、酒よ魚よと大騒ぎになった」。そこへ、ひょっこり孫文が現れた。孫は酒を一杯だけ付き合って、滔天とこそこそ三十分ほど英語で話していた。そして雲右衛門に向いて「人生の浮き沈みは予期しないことが多い」といった。少し沈んだ様子だった。

「そうです。ごもっともです」と滔天が通訳した。雲右衛門はひざを乗り出して勝手に話し始めた。

「若いころ、あまりに苦労が多くて、いっそのこと死んでしまおうと思いました。どうせ死ぬなら享楽の限りを尽くして、と思い、品物を全部お金に換えて吉原で芸者を上げて豪遊したのです。裸になって踊り狂った末、寝込んでしまいました。目が覚めたときには、死ぬことをすっかり忘れちまって……」

雲右衛門の話に、孫文は笑いこけた。急に陽気になって「いのちの洗濯になった。君は芸人の天下を取れ。ボクらの革命とどちらが先になるか競争しよう」と、来たときと

桃中軒一座。雲右衛門（後列中央）、滔天（前列右端）。

はまるで別人になって出て行った。彼は間もなく上海へ渡った。

一方、桃中軒牛右衛門こと滔天は夏の盛り、雲右衛門一座の地方巡業に加わった。初日は、横浜の田んぼの中の小屋に幟を立てたが、大粒の雨がトタン屋根を激しくたたきつける中、客は五、六人という貧相さで、折角の雲右衛門の美声も台無しだった。これには見習い牛右衛門も腰が引け、次の横須賀まで付き合ったところで、出版事業にかこつけて一行から脱落した。

出版事業とは、その年の前半「二六新報」に連載された「三十三年之夢」を一つにまとめて本にしようという話で、親友の清藤幸七郎らが作業を進めていた。そこで、その「出版記念」と銘打って、桃中軒牛右衛門の御披露目をやろうと、こういう話なのである。

雲右衛門一座の巡業を逃れて数月、滔天は牛込柳町に小さな借家を借りて「易水社」と名付け、社長気分で中学生を含む六人の共同生活を始めた。甥っ子の築地房雄もいたから、おそらく自分の無芸大食を押しつけたに違いなく、それでいて、いずれわが身は餓死するのではないかと脅えていた。そこで滔天は不本意ながら、犬養夫人に手紙を書いて哀れみを乞うた。正門から押し入るのは、さすがに気が引けた。結果、「易水社」同人は、お情けで生き永らえた観がある。その節はみんな「飲み疲れ食い疲れて、腹を抱えて眠ってしまった」とある。

冷汗三斗

牛右衛門の初公演は明治三十五年（一九〇二）十月一日と二日、神田錦輝館《きんきかん》で行われた。「二六新報」の宣伝もあって客入りは上々だった。

演目は「慨世危譚《がいせいきたん》」。アメリカインディアンの酋長がヨーロッパへ渡り、娘と恋に落ち、妖怪に出会い……というストーリーだった、とか。浪花節の題材としては類例がない。

「演壇に進む途端、拍手喝采盛んに起った時には、予は目が昏《くら》んで卒倒しそうであった。辛うじて演壇に立つは立ったが、心臓は破れんばかりに鼓動し、五体顫《ふる》えて冷汗流れ、歌遂に歌と

神田錦輝館

ならずして了《しま》ったことは、今想い出しても寒気を感ずる」(『軽便乞丐』)。

加えて、社中が酒を飲みながら木戸番を務めたため勘定が合わず、事業としては失敗だった。このため「易水社」は解散、昔なじみの対陽館からも締め出され、みな雨に打たれながら散っていった。滔天は大森に曲鶯《きょくおう》女史を訪ねた。彼女は「易水社」にしばしば米を運んでくれた恩人だった。


この年、単行本『三十三年之夢』が国光書房から発刊され、次いで『狂人譚』も本になった。しかし滔天が皮算用したほどの実入りはなかった。借家の破れ障子を眺めているうちに、滔天の脳裏に浮かんだのが、郷里熊本の大先輩、軍談で知られた美当一調《びとういっちょう》だった。以前、顔を合わせたこともある。彼は早や老人で巨万の富を築いている。胸中を打ち明けて助けを求めても不思議はあるまい。滔天は思い定めて九州へ向かった。

当時、雲右衛門は大阪で興行中だった。滔天は九州へ下るにあたって一応、胸中を明かすのが礼儀と考え、梅田で下車して師を訪ねた。雲右衛門は喜んで迎え、そして、興業不振を嘆いたのだった。滔天は勇を鼓して計画を打ち明けた。すると、師は「自分も連れてってもらえまいか」と手を合わせ、阿母さんも「是非に」とすがった。小さな坊主が「髭《ひげ》のおじさんが来た」と喜んで、膝に上がって髭を引っ張った。ここにいたって滔天はもろくも崩れ、旅費を送る約束までして、翌日の九州行き列車に乗った。

荒尾に戻った滔天は、妻に揉み手をした。ツチは夫には内緒にしていたが、実家の財産分配に与かって小さいながらわが家を造り、それを抵当に乳牛五、六頭を飼って、牛乳屋を始めようとしていた。自活の道を探っていたのだ。彼女は渋りながら、雲右衛門との「縁切り料」として金を出した。滔天は平身低頭して引き下がり、隣町の大牟田へ走って大阪の師匠宛て為替を組んだ。

実家に母佐喜を見舞った。勇気のいることだったが「母さま、私は乞食になりました」と浪花節語りになったことを告げた。母は苦笑いしながら「昔から天下を取るか菰《こも》着るかという。天下を取り損ねたら乞食は当然だ。しかし健康で何よりだよ」といってくれた。息子は「一つ歌って聞かせましょう」と、まず大音声を発した。ノドの調子を整えるつもりだったが、そば

宮崎佐喜（『夢翔ける』）

にいた小学生の姪と長男龍介が驚いて泣き出し、母も姉も顔をおおった。村長も逃げ帰った。滔天は涙を拭って退去した。

芸にかけては当代随一の雲右衛門といえども、その名を知らなければただの人。初めて乗り込む九州であれば、それなりの金が要る。広告宣伝費が大きい。行きがかり上、また滔天はツチの顔色をうかがうことになった。「遠交近攻の術」を尽くした。加えて、大阪の雲右衛門から旅費不足の連絡が届いた。滔天家でまた一悶着あったが、ちゃぶ台返しの騒動をなんとか乗り切った。ツチの参謀長寿平老いわく。「旦那さんは奥さんを騙すことにかけては天下一品。その手でいけば天下を取れそうなものだ」と。

博多決戦

雲右衛門一行が大阪を出発したという電報が入った。滔天は急ぎ門司に出向いて師匠を迎え、九州第一戦をここで開くことにした。地元「関門新報」は特大活字で応援してくれたけれども、興行は惨敗だった。「天下の豪傑来る」と書き立てたので、大衆は荒くれ男の演説会と勘違いしたらしい。滔天も演壇に立ったが、直前の接待酒が過ぎて吐き気をもよおし、三味線の阿母さんを置き去りにして姿を消す失態を演じた。結局、門司の一週間は失敗に終わった。

次いで、滔天は一行を荒尾に案内し、ツチの牛乳屋開業式に立ち会わせた。集まった村民に、師匠の歌をサービスし、酒樽を抜いて大いにふるまった。一行はここに三日間滞留したが、師は「遊んでいてもつまらぬ」というので、滔天はツチから資本を得て、隣の大牟田でにわか興行を打った。知人の尽力があって、期待した以上の御祝儀が集まった。

次なる決戦場は、筑前博多である。滔天は「われらが関ケ原」と一座の先陣を切って乗り込んだ。玄洋社系の同人、新聞はもちろん、その反対派までもが大提灯を掲げてくれた。加えて、旧友が「景気づけに」と、雲右衛門を馬に、滔天を牛にまたがらせ、他は押車に乗せて、炎暑の町中を引き回した。滔天は博多人の好意にすがりながらも、どこか江戸時代の罪人が連想されて何ともいえない気分だった。

初日が開くと、客がドッと寄せてきた。「満員札止め」は無視された。雲右衛門は喜色満面、滔天も胸をなで下した。

彼は中入り後すぐ、歌うことになっていた。演目は「丁丑《ていちゅう》異彩協同隊」。長兄が関わった合戦モノである。ところが、時間が迫るにつれて動悸が高まり、完全にのぼせた。コップ酒をたて続けに二、三杯あおって登壇したところまでは記憶にある。最前列のボス連中と目が合った途端に、牛右衛門のアタマは真っ白になった。「なんだ、そのザマは」という声が聞こえた。実際、声はふるえ歌にはならなかったのだ。

気がつくと、彼は舞台裏に転がっていた。そこへまた、妙な男が現れて、上等な桟敷《さじき》へ連れて行かれた。数人の芸妓に囲まれて、中老男がひとり黙然と酒を飲んでいた。いわれるままに頭を下げると、芸妓の一人が紙包みをくれた。滔天はそれを懐にして楽屋へ逃げ帰ったのだが、あとで聞けば、その男こそ今を時めく炭坑成金の伊藤傳右衛門だった。滔天と傳右衛門はのち、いわゆる「白蓮事件」をはさんで、向き合うことになる。

ともあれ、雲右衛門一座の博多興行は大当たり。一週間の予定を十日に延ばして、満員札止めがつづいた。地元新

伊藤傳右衛門

聞評では、牛右衛門の「容貌魁偉に驚くばかり」だったが、雲右衛門については「品位の高尚、風采の秀」をたたえ「喉舌の妙は聴衆を振動せしめた」と絶賛した。お蔭で阿母さんは毎日銭勘定に忙しく、師匠と滔天は客相手の酒飲みに追われた。

雲右衛門一座は博多から若松、佐賀へと移動した。若松は博多ほどではなかったが、まずまずの出来。それに比べて佐賀は手蔓がない上に雨つづきで稼ぎにならず、滔天は川漁で時間をつぶしていた。そのうち、長崎の興行師が一座を買いにきた。契約条件は厳しかったが、座長は「飢え死にするよりは」と承諾し、滔天は「町回りだけは勘弁願う」といった。博多で懲りていた。

長崎に着いて、滔天が「東洋日の出新聞」に社長鈴木天眼を訪ねると、目を細めて迎えてくれた。「どうだ、芸の方は」と問う。滔天の歌がどの程度のものか気になって仕方がない。「少しうまくなって来ればいいのに」と、見透かしたようにいった。「くそ度胸だけでやられては、こっちがたまらん」

初日、天眼は演芸場に来なかった。代わりに、夫人と新聞社の顔がずらりそろって、滔天こと牛右衛門が歌い出すと、むやみと拍手喝采し声援を送った。彼はそれに力を得て、最後までなんとか演じることができた。

翌朝、天眼の邸宅を訪ねると「やはり心配でつい失敬した。今夜は出かける」と約束した。果たしてその日、牛右衛門が演じ切ると、天眼は一段高い声で「うまいぞ！」と絶叫したのだった。その夜の晩酌時、師は「お前の友人は薄情だ。『東洋日の出』は冷淡だ」と小言をいった。支援が足りないと、いいたかったのだろう。

このあと実は、「東洋日の出新聞」と「長崎新報」が共同で、つまり興行師を抜きにして、雲右衛門一座の佐世保興行をやろうという話が持ち出されたのである。両社の社長が請け元になって多数の案内状を出せば、祝儀もドンと増えるだろう、と。ところが、これを聞いた雲右衛門は意外や意外、「素人興行はおもしろくない」と蹴ってしまった。結論を急げば、雲右衛門は独自にプロの興行師に頼ろうとしたのだが、足元を見られて失敗、めぐりめぐって長崎の両新聞社の世話に委ねた。その結果、佐世保興行は成功した。

これを見届けた滔天は、雲右衛門と別れることを決意した。彼は滔天に留まってくれるよう懇請し、阿母さんも泣いて引き留めたが無駄だった。鈴木天眼は滔天を「薄志弱行」とからかった。

この巡業中、思いがけないことに、滔天の前に身重の女性が現れた。「易水社」時代の曲《きょく》鶯《おう》女史である。本名は柿沼トヨといい、花柳界などとは無縁の女性のようだが、慮《おもんぱか》るところあってか、滔天は格別の尊称を献呈している。その女史が長崎の楽屋で「因果の種」を産み落としたのだった。「恩義に報ゆるに恋を以てして、彼女を取返しのつかぬ運命に陥らしめた」。滔天の苦衷はいかばかりか。雲右衛門を断固として振り切った一因とも思われる。

とはいいながら歳末には、兄民蔵ら土地復権同志会が請元になった大牟田興行には、雲右衛門と一緒に出演している。「裄丈《ゆきたけ》そろうたこの羽織、似合いますかよエヘヘノヘ」と笑いを誘って、毎夜大入りの賑わいだった。

滔天はそのまま佐世保に残って、降って湧いた新所帯の守をしていた。「二六新報」に半端な政治小説を送り込んだのは、おそらく急場をしのぐためだった。明治三十七年（一九〇四）春、日露開戦のころ、滔天は不義の母子を伴って東京へ戻った。旅費を稼ぎながらの長旅だった。曲鶯女史の消息は一旦ここで絶える。

落花の歌

　滔天は、シャムなどで苦労をともにした末永節らと、赤坂の煎餅屋の一間を借りて、政治講談の伊藤痴遊《ちゆう》一座に加わった。痴遊は滔天の兄民蔵の土地復権同志会にも属していて、滔天と気があった。滔天は毎夜寄席に出て日銭を稼ぎ、糊口を凌いだ。芸はうまくなかったが、彼の宿意を読み取った客は少なくなかったはずである。
　滔天はいつも本番に先だって「落花の歌」なる詩を朗唱した。気分と体調によっては、これ一つで高座を終えることもあった。

　一将功成りて万骨枯る
国は富強に誇れども　下万民は膏《あぶら》の汗に血の涙
飽くに飽かれぬ餓鬼道を　辿《たど》り辿りて地獄坂
世は文明じゃ開化じゃと　汽車や汽船や電車馬車
廻る轍《わだち》に上下は無いが　乗るに乗られぬ因縁の

からみからみて火の車
推して弱肉強食の　剣の山の修羅場裡《うち》
血汐を浴びて戦ふは　文明開化の恩沢に
漏れし浮世の迷ひ児の　死して余栄もあらばこそ
下士卒以下とひと束《たばね》　生きて帰れば飢に泣く
妻子や地頭に責め立てられて
浮む瀬も無き窮境を　憐れみ助けていざさらば
非人乞食に絹を衣《き》せ　車夫や馬丁を馬車に乗せ
水呑百姓を玉の輿　四民平等無我自由
万国共和の極楽を　斯世《このよ》に作り建てなんと
心を砕きし甲斐もなく　計画破れて一場の
夢の名残の浪花武士　刀は棄てて張り扇
たたけば響く入相《いりあい》の　鐘に且つ散る桜花。
響《ひび》きなば花や散るらん吉野山　心して撞《つ》け入相の鐘。

(「革命評論」第六号掲載。※用語は原文のまま)

同時代の社会運動家、原霞外《はらかがい》の随想「浪花節と僕」がおもしろい。

「（滔天の）芸に感心はしなかったが、其人の経歴と風采と、高座と釈台とのコントラストが先ず一種深刻なる刺激を与へ、無限の同情を誘ふ上に彼の悲壮なる音吐もて、朗々『浮世が自由になるならば、天下の乞食に絹着せて』と歌い出されては、吾等何として堪るべき、五体は全く痺れて了うばかり、此刹那、アノ酔っぱらい殿が、全く人間と思われず『救民の神』のように思われた」（「ヒラメキ」二号）。

原霞外はこれがきっかけで大衆芸の面白さに引き込まれ、彼もまた伊藤痴遊の門下生になり、講談師として寄席に上がるようになった。

明治三十八年（一九〇五）三月、滔天は新宿番衆町に一軒家を借りた。警察署長官舎の隣にあって、小さいながら庭もついていた。この転居に合わせて、ツチが子どもを連れて上京してきた。いうまでもない。牛乳屋はお嬢さん育ちの手に余り、母子の貧窮生活は限界を超えていた。資産分けに与かった以上、そうそう実家の情にすがってもいられない。長男の龍介が中学進学を迎えたこともあった。自活の道も口にするほど楽ではない。滔天もハラをくくらざるを得なかった。

龍介と弟震作が先発し、遅れてツチが娘の節子を連れてきた。そのツチが郷里を離れるときに残した歌がある。「おちてゆく　身には都は　ごくらくか　あびきょうかんの　地獄なるかや」。滔天のおい築地宣雄《ついじよしお》も「東京へ落ちて行った」と表現した。いい得て妙である。

留学生結集

滔天一家が荷解きをする間もなく、中国人の出入りが始まった。日露戦争が大詰めを迎える中、幸徳秋水らの社会主義運動が勢いを増し、ロシアでは全土に革命の炎が広まった。中国も当然あわただしい。留学生が大挙日本に押し寄せ、「排満興漢」を掲げる青壮年も続々と来日した。その中核メンバーが滔天の新居に寄せてきたのだった。汪兆銘《おうちょうめい》、胡漢民《こかんみん》、張継《ちょうけい》、宋教仁《そうきょうじん》、何天烱《かてんけい》……。

黄興《こうこう》は前年に故郷長沙《ちょうさ》での挙兵に失敗し、寄席の楽屋に滔天を頼ってきた。息子ふたりは滔天の家に預けられ、育ちざかりを彼の家族と一緒に過ごした。当時を知る萱野長知によれば、滔天家ではわが子同様、毎日のように豆腐のお殻《から》（豆乳を搾り取った残りかす）を食べさせていたそうだ。

孫文が欧州から戻ってきた。彼は横浜に住まい、上京した時は滔天の家を事務所がわりに使っていた。滔天は黄興と孫文を中華料理店で引き合わせた。これが彼らの初顔合わせだった。張継と宋教仁、末永も同席した。滔天と末永は中国語をうまく操れないが、雰囲気は上々で、酒の味もまた格別だった。

そこで、在日留学生がいつでも寄り合うことのできる場をつくろうと一決し、早速その準備にかかった。

初会合は、羽振りのよい内田良平邸で行われた。大勢を一室に詰め込み過ぎたか、たちまち古床を踏み抜いてしまった。集まった面々は「これは清朝滅亡の兆し、吉兆だ」と喜

黄興

んだ、とある。

気がかりは、百人以上の参加を見込む次の組織会の場所だった。内田は、政治家坂本金弥の霊南坂の家が西洋風でふさわしい、という。彼は坂本に「中国人の寄り合いがある」とだけいって彼の家を借用した。当日、会場をのぞいた坂本家の使用人は参集者の多さに驚いたが、あとの祭り。坂本自身は「こんなことは大好きです」と太っ腹なところを見せた。


他日、黄興が発起人になってあらためて、孫文の歓迎会を開いている。滔天の『三十三年之夢』の漢訳本が話題になったころで、孫文人気はかなり先走っていた。宋教仁が歓迎のあいさつを始めるころには「千数百人もの立ち見」も出るにぎわいで、孫と連れ立った滔天は「実に恐ろしいぐらいだった」という感想を残した。黄興も状況を納得したに違いない。一週間も経たないうちに、孫文をカシラとする組織づくりに取りかかった。

後日談になるが、中国公使館は留学生に探偵を放って、お前は孫の歓迎会に参加したか、演説に加わったか、そういうことをやったヤツは官費の支給を取り消すなどと、学生を脅したらしい。ところが、中には開き直る学生もいて、「革命党になるから官費を返す」と、彼らの方からの反発もあった。これには役人側も慌てた様子で、その結末はうやむやになった。

機関誌「民報」

その年八月、孫文（興中会）、黄興（華興会）、章炳麟《しょうへいりん》（光復会）の「革命三尊」が手を握り合った、画期的な中国同盟会が東京に誕生した。会長は孫文。黄興は副会長。アクセルを踏んだのは滔天と末永だった。多彩な思想が持ち寄られたが、ともかくも枝葉末節は棚に上げて、大同団結を謳った。会員は留学生を中心にたちまち五千人にもなった。

これを受けて牛込新小川町に民報社が作られ、機関誌「民報」が発行された。創刊号は明治三十八年（一九〇五）十一月、孫文の「三民主義」を掲げて、市中に送り出された。四、五万部はあった。紙面は論説、評論、記事等からなり、写真や広告を含めると百五十ページものボリュームになった。編集長は章炳麟。かつては清朝高官に重用されたこともあるが、いまは革新派の論客として若者たちに人気があった。

幹部の多くが事務所に移り住んだ。「平等居」の門札は黄興が書いた。孫文は牛込の築土八幡に戸建ての家を借りて「高野長雄」の表札を掲げた。以来、仲間は「高野寓」と呼んだ。

民報社が発足して間もなく、ツチの姉前田ツナ（卓）が上京して、その仕事を手伝うようになった。漱石『草枕』に登場する「那美さん」のモデルとされる。彼女は事実上三度の離婚と実家前田家の内紛に疲れ果て、「養老院のお世話でも」と妹ツチを頼って来たのだが、義弟滔天から同盟会を手伝ってほしいと頼まれ、「平等居」に住み込むことになった。青年たちの食事や身の回りの世話、相談に応じて、異郷の若者たちに「民報おばさん」と慕われた。

ともあれ、「民報」は在京の留学生はもちろん、中国でも地下ルートで随分と読まれたようで、仕事は日ごとに忙しくなった。「精神的に最も張りのある生活をした」というのは滔天ひとりに留まらない。巨大なエネルギーが隆起する様子を、多くの若者が五感で感じ取っていた。

前田卓（「'96くまもと漱石博記念誌」）

ちなみに『三十三年の夢』付記によると、日清戦争後の明治二十九年（一八九六）に清朝政府が日本に最初の官費留学生十三人を送り込んで以来、官費私費ともに年々急増し、明治三十七年（一九〇四）二千四百人、三十八年（一九〇五）八千人、三十九年（一九〇六）には一万二千人とおびただしい数に上った。『三十三年之夢』の最初の中国語訳本『孫逸仙』が中国の若者たちに爆発的に読まれ、孫文の名も広く知られるようになった。清朝のスーパーエリート康有為が戊戌《ぼじゅつ》変法で失脚、亡命したことも、若者流出を煽った要因の一つに挙げられよう。

明治三十九年の暮れ、神田錦輝館で開かれた民報一周年記念大会には五千人もの若者が集まった。大半は在日留学生である。孫文は「民族」「民権」「民生」の三民主義について力説し、理念に基づく民族共和国を実現すること、「これこそがわれわれの使命である」と訴えた。また章炳麟は「わが漢人兄弟はひたすら兵になろうと思え。ひたすら将士になろうと思え。スパイになろうと思うな。参謀になろうと思うな。下劣なこころをいだき強盗の笑いものになってはならない」と若者を煽った。黄興のあいさつも力がこもった。「民報おばさん」も留学生たちと感動を共にした。

この様子を見た康有為の高弟 梁 啓超《りょうけいちょう》は「革命党は東京で万余の学生の過半を得ている。

わが党はいまや清朝政府よりも、革命党と死を賭して戦うのが第一義である」と康有為に書き送った。

その「民報」も発刊から三年後、日本政府の機微に触れ、第二十四号で発禁になった。それでも、明治四十四年（一九一一）辛亥革命の年には、三千三百人もの留学生が日本に残ったといわれている。

「民報」が勢いを得たころ、滔天は萱野長知らと「民報」の別働隊を意識した「革命評論」を創刊した。渡辺京二氏によると、「革命評論」は「滔天特有のアジア的無政府ユートピズムの影を宿した新聞」で、古くからの盟友清藤幸七郎や平山周らが加わった。のちに北一輝も連なって民報一周年記念大会を盛り上げたが、「革命評論」自体は読者を十分に開拓できず、また内部抗争も手伝って数カ月で潰れてしまった。

「民報」時代の前田ツナ（中列の和服）と仲間たち。ポーランドの革命家ピウスツキ（前列中央）来日時（「'96 くまもと漱石博記念誌」）

創刊のころ、のちの思想家辻潤が神田美土代町の「革命評論社」事務所で滔天に会った話を残している。それによると、滔天は白い寝間着のような衣物をまとって出てきた。頭髪は琉球人のようにぐるぐる巻いてカンザシでとめていた。天井に支えそうな大男だったが、いかにも丁寧な物腰で温顔に微笑をたたえ、豪傑を気取るようなイヤミはまったく感じなかった。それだけで、辻少年はかなり興奮したものだ、と書いている(『滔天年譜』)。

ツチの回顧録によれば、のちのポーランド共和国初代元首ユゼフ・ピウスツキがシベリアの流刑地を脱出、日本へ逃れて「革命評論」社を訪ね、滔天が孫文に引き合わせたということである。手引きしたのはロシアの脱獄囚グリゴリ・ゲルシュニという男だったというから、「革命評論」も相応の発信力をもっていたと見なければなるまい。さきに紹介した滔天の「落花の歌」を文字で遺したのも、この「革命評論」誌だった。

孫文去る

本家筋の中国同盟会にも、日数を重ねるにつれて寄り合い世帯のむずかしさが表面に出てきた。もとは孫文の独裁的手法に対して出自を異にするメンバーが生理的に反発したようだが、国際派と民族派の対立だったとも伝えられる。なかでも明治四十年（一九〇七）三月、孫が日本政府の勧告を得て離日したあたりから両派の折り合いが難しくなり、組織はにわかに細っていった。

中国同盟会に対して官憲の目が厳しくなったのは、成り行きである。「民報」は発禁後も続編を秘密裏に試みたが、永続きはしなかった。ついには、孫文自身が批判の渦に巻き込まれて国外へ去り、民報社も解散せざるを得なかった。

前田ツナはおそらく、民報社の幕引きには立ち会っていない。というのは、実家の母が、明治四十一年（一九〇八）十二月十一日に亡くなっているからだ。ツナは前田家の家政整理のために、帰郷していたと見るのが常識的だろう。

母親が住んでいた熊本・小天村の鏡が池の別邸も、このとき処分された。子どもたちは、せめて書画骨董類は幼い異母弟のためにと気遣ったようだが、いつの間にか滔天らの酒と活動費に化けてしまった。ツチ自身、骨董品を処分して資金づくりに協力した。社会的な意義のある処分であることを願ったに違いない。ツナはのち東京市養育院に職を得て孤児や窮民の世話をした、と伝えられている。

閑話休題。「民報」グループの革命運動は地下に潜り、武器を中国本土へ送り込む作業を伴ったらしい。孫文はいま一度、恵州で旗揚げするつもりだった。

黄興は、ピストル三百丁と日本刀七十振を携えて広西に渡った。萱野長知らは一千丁の小銃を工面して追っかけた。胃薬の缶に火薬を詰めて海を渡った者もいた。運搬船「幸運丸」には前田家の四男、九二四郎らが乗っていた。黄興が広西を抑えたあと、広東で落ち合う予定だった。

だが、軍事作戦はことごとく失敗した。兵器を運んだ「幸運丸」は接岸もできず、武器弾薬はついぞ大陸の革命軍に渡ることがなかった。ハノイで戦況を確認した孫は、ヨーロッパへ退いた。

前後して、滔天一家は茗荷谷《みょうがだに》に引っ越した。番衆町の一軒家は家賃の支払いが滞り、米屋や酒屋の借金が嵩んで進退窮まったのである。借金元には出世証文を入れ、家賃の方は免除してもらった。新居はわりと広くて、庭先は子どもたちの格好の遊び場になった。中国留学生の出入りも多く、天気のいい日はにぎわった。が、ここも永くは居つけず、早々に小石川原町へ移った。

転居を急いだのは、ツチの生家前田家の没落によって、同居人が十四、五人にも膨れ上がったためである。家の引っ越しのとき滔天は不在で、ツチは龍介、震作、それに黄興の息子らに荷車を引かせて荷物を運ぶという、なんともあわただしい引っ越しだった。

滔天本人はこの間にも、黄興と連れ立って鹿児島の西郷隆盛の墓を訪ねたり関西で交友したりで、日本郵船の社長から大金を融通してもらっている。留守宅に「家憲十則」を送ったのは、この旅先からだった。


滔天家の貧窮は極まった。警視庁より外務省に宛てた報告でも「清国革命党関係者宮崎虎蔵ハ近来生活ノ途尽キ非常ニ窮境ニ陥リ、再三内田良平ヲ訪問シ救助方懇請スル處アリ」とある。内田は情誼上、滔天の申し入れをムゲにするわけにもいかず、日清戦争前後の極東情勢を執筆させて黒龍会から出版し、その報酬として滔天家の教育費を支援するとした。貧家には没落した前田家の一族が居ついたままで、ツチは海軍から縫製の仕事をもらって深夜までミシンを踏みつづけた。娘の節子も見様見真似で手伝った。

「滔天会」巡業

明治四十二年（一九〇九）七月、滔天は「滔天会」の名で初めて浪花節巡業に出かけた。表向きは浪人生活の資金づくりと同志集めの行脚だったが、内実は切羽詰まった選択だった。出発に先立って、斯界の先輩である一心亭辰雄らが滔天会の壮途を祝って、新橋演芸場で二日間の興行をやってくれた。

滔天会は滔天はじめ本田獅子之助、妻川小勇、同勇昇、早川燕国、それに三味線担当と煙火師。「二六新報」の記者も一座に加わった。

初演は甲府の桜座だった。町回りは太鼓を先頭にして、人力車に乗った一行が芸者をはさんであとにつづき、「首一つに十万両《テール》の懸賞つき。清国政府のお尋ね者、白浪庵滔天来たる！」と書かれた畳一枚ほどの広告も張り出された。舞台の飾りつけも黒幕を背景に両端に大きな松、ついでに一方に兜、他方に鎧を飾り、

一心亭辰雄

テーブルの上には松の盆栽を置く華やかさだった。

滔天の出しものは「落花の歌」と「金玉均の最期」の二つ。初めての顔見せとあって観客は興奮した。甲府は四夜続けてにぎわった。

次いで上諏訪の真松座で三日間の公演。岡谷では職工慰労をうたい、長野では布引丸事件で遭難した同志の遺族の所望で「林成文の最期」を即興で演じた。この後、越後をまわり、小千谷では孤児院のための慈善興行を行った。新潟公演では、予定外の一心亭辰雄が病身をおして東京からかけつけ、「義士伝・大石瀬左衛門」を語って聴衆をわかせた。

金沢では俳人河東碧梧桐《かわひがしへきごとう》の招宴に与かった。何を語り合ったかはわからないが、碧梧桐は「続一日一信」に「氏（滔天）の生涯は遂に一篇の戯曲である。（中略）出演前の身震いを公然と筆にして憚らず。氏を狂猛な猪武者とのみ思ふは誤れり」と記している。

東京を離れてすでに三月、北陸から東海へ向かうころ道中はすっかり秋の装いで、滔天会にも疲労と倦怠感、志気の衰えがめだってきた。名古屋末広座は初日こそ千三百の客を呼んだものの、評判はさんざんで、三日目には語りの妻川小勇、勇昇、三味線の三好が脱会する騒ぎになった。ために、千秋楽は空席を相手に芸をする惨めさだった。次は四日市興行を予定したのだが、移動する旅費の工面がつかず、三週間も旅館に籠城を強いられる、いわゆる「鳥屋《とや》きり」の状態に陥った。かくなれば、地元の侠客が介入するのは世のならい。新聞社が後援者リストから名義をはずし、津山東座では興行直後に建物が全焼し幟三本を残して小道具をすべて失った。

そこへ、滔天の母佐喜の訃報が届いた。彼は荒尾へ急行した。葬儀を終えると、山陽道で途方に暮れていた一座を大牟田へ呼び、博多川丈座で慈善興行を打った。地元はありがたい。これが大当たりで好評五日に及び、さらに勢いを得て直方、若松、久留米、柳川と巡った。川土手ではすでに新緑が萌えていた。

そこへまた、留守宅から急ぎ帰京を促す電信が飛び込んできた。中国情勢がにわかに緊迫しているとのこと。滔天はひとり、演芸一座を柳川に残したまま、急ぎ東京へ戻った。滔天宅に寄宿していた黄興の息子一欧は、母国情勢の急変に矢も楯もたまらず香港へ渡り、革命軍に身を投じたということだった。しかし、彼が関わった二月の広州蜂起は失敗した。

滔天はさっそく寺内陸相から中国革命派の内情探索を頼まれて、上海へ向かった。寄港

浪花節・滔天会一座全国巡業

明治42年（1909）
6月26日　一心亭辰雄ら滔天会独立巡業の壮途を祝し、新橋演芸館で2日間興行。滔天会メンバーは本田獅子之助、妻川小勇、同勇昇、早川燕国、三味線三好、不知火薫骨、二六新報記者樋口罔象、煙花師某ら。

①	7月6日（滞在3日）	甲府	桜座
②	10日（2日）	上諏訪	真松座
③	13日（1日）	岡谷	照光寺
④	15日（2日）	長野	千歳座
⑤	19日（3日）	松本	開明座
⑥	23日（1日）	上田	末広座
⑦	26日（1日）	高田	大漁座
⑧	30日（1日）	長岡	長盛座
		※予定した新潟改良座公演は火災のため中止。	
⑨	8月4日（2日）	柏崎	
⑩	7日（1日）	小千谷	明治座
⑪	9日（1日）	三条	三条座
⑫	14日（8日）	新潟	寿座
		※　一心亭辰雄　賛助出演	
⑬	24日（4日）	長岡	
⑭	9月4日（2日）	富山	第三福助座
⑮	7日（2日）	魚津	蛭子座
⑯	9日（3日）	高岡	
⑰	14日（2日）	小松	第二福助座
⑱	17日（4日）	金沢	福助座
⑲	24日（2日）	鯖江	鯖江蛭子座
⑳	27日（2日）	武生	武生座
㉑	10月1日（4日）	名古屋	末広座
		※憲兵来訪。妻川小勇、同勇昇、三味線三好ら脱会。 ※四日市移動日を迎えるも旅費の工面つかず旅館に籠城。 ※侠客の世話で神戸へ移動。舞台衣装は質入れ。	
㉒	11月1日	明石	八雲座
		※新入りの三味線、侠客に拉致され、2日目の興行中止。	
㉓	11月3日	姫路	山陽座
		※侠客の正業復帰披露興行 ※4日の興行中止。胴元と世話人間に悶着あり。	
㉔	11月5日	明石	山陽座
㉕	11月10日	神戸	相生座
		※演芸評論家　原霞外が賛助出捐	
㉖	11月18日（1日）	西宮	戎座
㉗	11月21日（2日）	岡山	高砂座
		※大阪毎日新聞と大阪朝日新聞、滔天会の後援取り消し。	
㉘	11月27日（1日）	津山	東座
		※公演後、東座全焼。小道具類消失	
㉙	11月29日（3日）	倉敷	
㉚	12月4日	笠岡	富士見座
		※12月5日、滔天の母佐喜急逝。一座を残して荒尾へ。	

明治43年（1910）

㉛	1月2日（7日）	大牟田	旭座
㉜	1月9日（2日）	三川	稲荷座
㉝	1月17日（6日）	博多	川丈座
㉞	1月24日（1日）	博多	川丈座
		※福岡市慈善興行	
㉟	1月26日	直方	日若座
㊱	？	若松	
㊲	2月5日	久留米	恵比寿座
㊳	2月8日	柳川	川口座

※12日ごろ留守宅より急電あり。中国情勢緊迫？　帰京。

時に激しく吐血した。それでも香港へ下って黄興から戦況を確認し、けなげにも断酒のまま帰国した。

明治四十三年（一九一〇）の梅雨のころ、孫文が兄孫眉《そんび》とともにいつもの大きなトランク一つを携えて滔天宅に現れた。ドクター・アロハの偽名を使った。「日本が恋しくてね」とニコニコしていた。孫文はツチへの土産だといって、広東で発行された銀貨二枚と軍票をくれた。そして、汗のにじんだ詰襟の服を脱いで、洗いざらしの浴衣に着替えた。数年前ツチがこしらえてやった浴衣だった。息子たちが拾い集めてきた木片で風呂を沸かした。滞在中、追っかけ来日した黄興と何度か会談が行われた。富坂警察署から刑事がよくやって来た。孫は滞日二週間ほどで萱野長知とともにシンガポールへ向かった。黄興も一月後には香港に退去した。

孫文が離日するとき。滔天家族は新橋まで同行し、みな泣いて別れた。孫は神戸から外航船に乗った。彼はその年の秋、マレーシアのペナンに同志を集め近々の軍事決起を指示して、自身は欧州にまわった。

このころ、ツチが遺した歌に「うべなわぬ　汝が夫なれば　送りぬと　為替の　ありがたき友」「ふり来る　人のなさけは　うるをひの　吾が泪《なみだ》こそ　天につづくや」とある。孫文はときに、滔天家の困窮生活を見るに堪えかねて、ツチにこっそり金品を届けていたようである。

辛亥革命

明治四十四年（一九一一）十月十日、中国革命軍の一隊が長江中流域の武昌で先ず凱歌を挙げた。中心になったのは下級兵ら。実態は「窮鼠《きゅうそ》、猫を噛む」の類だったらしい。

もともと対岸、漢口の革命派アジトで火薬の爆発事故があり、これに清朝の捜査が入ったため、慌てた武昌の新軍兵が湖北の総督府を襲ったということだ。満

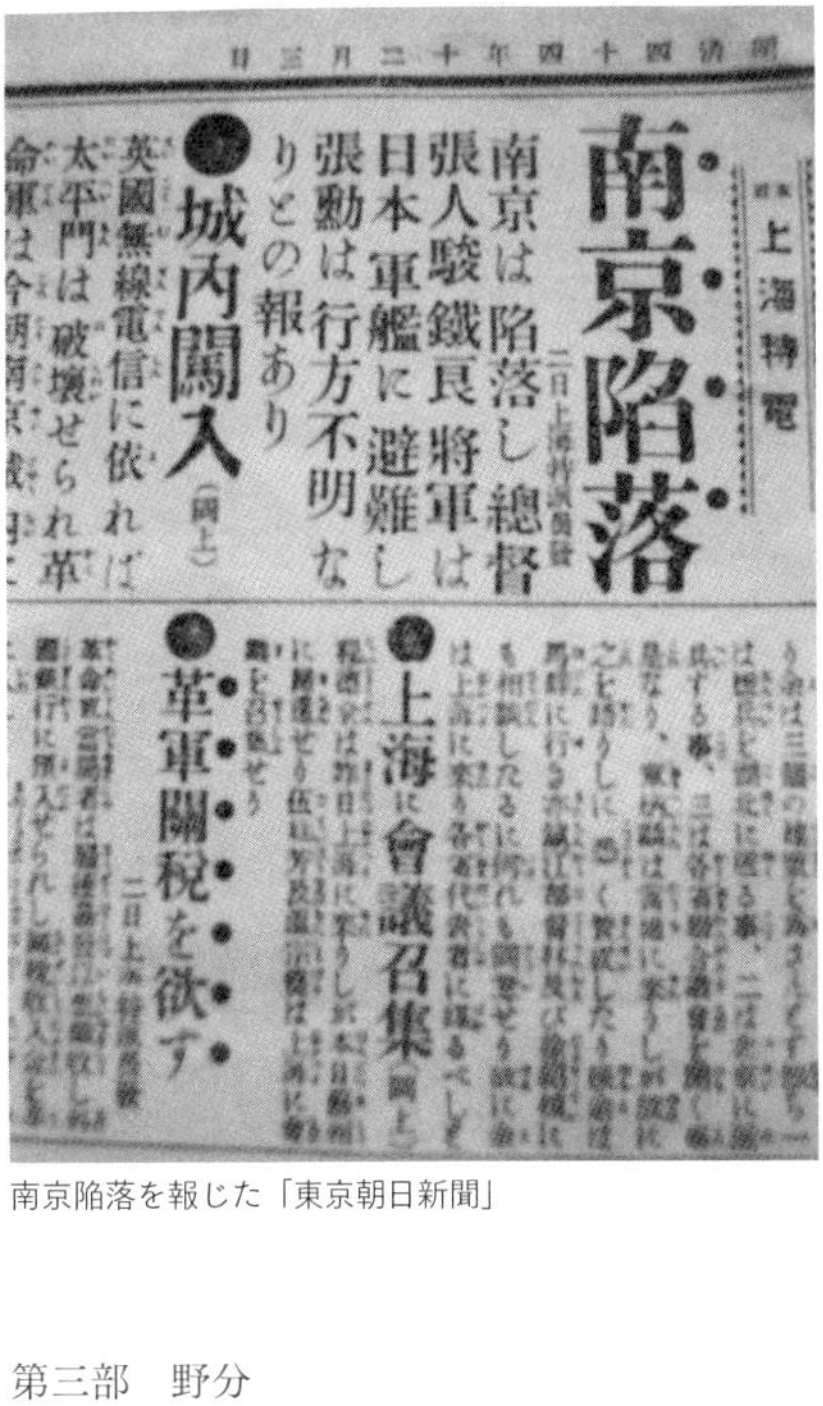
明治四十四年十二月三日

上海特電

南京陷落

二日上海特派員發

南京は陷落し總督張人駿鐵良將軍は日本軍艦に避難し張勳は行方不明なりとの報あり

城內闖入（同上）

英國無線電信に依れば太平門は破壞せられ革命軍は今朝南京

上海に會議召集（同上）

革軍關稅を欲す

二日上海特派員發

南京陥落を報じた「東京朝日新聞」

州人の支配層はたちまち逃散し、革命派はさほどの抵抗もなく湖北一帯に進出したとされる。これが、いわゆる武昌起義の実相だった。

前後して同盟会の黄興が現地へ入り、残る武漢三鎮の一つ漢陽を手中にした。鉄道国有化に反対する広範な民衆蜂起も絡まって、現地に軍司令部が置かれた。あとは勢いである。陳其美《ちんきび》率いる一軍は上海を制圧し、南京を攻略した。勢いに乗って華中華南一帯で軍政府が雨後の竹の子のように誕生し、「駆除韃虜《たつりょ》（打倒清国）、恢復中華、建国民国、平均地権」をスローガンに掲げた。ひっくるめて辛亥《しんがい》革命と呼ばれる。孫文はにわかに帰国を迫られた。

そのころ、たまたま中国に滞在していた末永節がいち早く南京に駆け付けた。情報はたちまち日本へ伝わり、いわゆるシナ浪人たちが続々と中国へ押し渡った。北一輝（輝次郎）と清藤幸七郎が早々に飛び出したのをはじめ、萱野長知が一隊を束ねて上海へ急ぎ渡った。滔天もまた黄一欧から招電を

上海の祝賀風景

受けたが、渡航費や留守中の家族の生活費の工面にもたついて出発が遅れ、神戸を出たのは十一月も半ばだった。広東からの使者何天烱《かてんけい》が同道した。

この中で、黒龍会の内田良平らは革命支援組織の一本化を図って有隣会という組織を興したが、既設の亜細亜義会や太平洋会、また親中義会などがそれぞれの思惑で動いており、統一的な支援活動など期待すべくもなかった。滔天の旅費は有隣会が支弁したとも、篤志家梅屋庄吉が出したともいわれている。

ともあれ、ツチの回顧録によると、滔天の出発に際して、住まいの近くで貧乏暮らしに付き合ってきた紺屋の江戸っ子が「俺が見込んだ目に狂いはねえや。ポッチリですが気はこころ」と餞別を持ってきた。滔天は盃を傾けて「空想だの夢想だのと笑われた革命がやっと実った。これからが大変だぞ」とご機嫌で、いつもの羽織ハカマ姿で中国へ出かけて行った。

上海の黄浦江《こうほこう》は革命軍の白旗で埋め尽くされていた。滔天はこの光景に感極まって涙を流した。

彼は長江を遡る船に乗り換えて、漢陽の戦場を目指した。途中、鎮江の船着場で下り船

辛亥革命軍政府地図

（各種資料をもとに作図）

の黄興に出くわした。黄興は戦線で名を馳せたはずだが、現地は容易に戦況が定まらず、この際は上海へ一時避難するところだった。軍事顧問の萱野長知も一緒だった。

実際、武昌を陥落させたのは江蘇・浙江の連合軍、それも下級兵士が主で、追い詰められた残兵がイチかバチか開き直った観があった。あとから乗り込んだ総大将黄興の威令は行きわたらず、彼は「漢陽の敗将」とさえ皮肉られた。滔天は予定を変更して、黄興らと一緒の船で上海に戻った。

「解放区」となった上海は、中国同

盟会の活動を支援してきた多くの日本人であふれかえった。しかし、これを迎えた駐在外交官らはきわめて不機嫌で、上海総領事は「武昌引揚ニ当リテハイズレモ金ノ分捕リヲナスナド、カレラ行動ハ大局ニ害アルノミナラズ革命軍ニ対シテスラ遂ニ悪感ヲ与ウル原因タルベシ」と言葉を極めた。ほかの駐在官も「宮崎浪花節ハジメ此種雑輩ドモ」「名利以外ニ何物モ眼中ニナイ徒輩」の言動を侮蔑してやまなかったが、そのカシラとされた滔天から見ても、日本人風体の行動は異様そのもので、「居どころもなければ、使いどころもなく」、さすがの彼も頭を抱えて病院に逃げ込んだほどだった。黄一欧が付き添った。

滔天は、自分も渡航時に世話になった有隣会を含めて日本の諸団体に対し、みだりに人を送り込まないよう懇請した。「第一、使いどころに困る。第二、宿屋満員。居どころに困る。第三、かくなれば不平をいう也」。これを受けて、革命派に通じた犬養毅と浪人の統領頭山満が手下十余人を連れて上海へ乗り込み、街中の混乱はよほど落ち着きを取り戻した。

孫文は、武漢の戦勝報告を米国のコロラド州デンバーで聞いた。彼は日を置かずロンドンに渡って英国政府に中立政策をとるよう説いたうえで、十二月二十一日香港に姿を現した。群衆は熱狂した。滔天もまた上海から出向いて日本総領事らとともに孫文を迎えた。

日本商社の幹部もおおいに祝福した。彼らは孫文の建国のための資金調達を惜しまないつもりだった。実際、孫は新政府を乗り出すに際して、行政費も軍費もすべて外債に頼らざるを得なかった。

孫文は同二十五日、広東都督胡漢民を伴って上海に入った。そして、幹部間の協議を重ねて、次の日には、孫文の主張する共和制を採用すること、陽暦一月一日を中華民国元年とし、その日に臨時大総統就任式典を行うことを決定した。中国では、暦は天界のものと考えられていた時代である。北京の帝政へのこだわりを断つ一大決意を示すものだった。

孫文（前列中央）帰国。後ろは滔天。デンバー号上で（『宮崎滔天全集』）

中華民国

孫文は明治四十五年（一九一二）一月一日、南京で中華民国の成立を宣言するとともに、臨時大総統に就任した。軍部出身の黎元洪《れいげんこう》が臨時副総統、黄興は参謀本部総長兼務の陸軍部総長になった。これによって清朝宣統帝は退位し、中国二千年の帝政に終止符が打たれた。

この式典に参加した滔天は「かかる喜ばしき元日は、生来初めての事に候」と妻ツチに書き送った。「滔天年譜」には「ツチ上海着、孫文を南京総統府に往訪」とある。日時ははっきりしないが、少しのちの話になるだろうか。ツチは総統府を訪ねて、孫文に祝いのことばを述べた。孫文は「荒尾のサシミがうまかった」といったそうだ。しかし、いまの彼には懐旧談を楽しむ余裕はなかった。

建国作業は膨大な資金を伴う。実際、孫文は行政費も軍事費も皆無という状況で、そのため大急ぎで、おそらく香港から上海へ向かう船の中で現実的な商談を始めたと思われる。

その代表的なものは、三井物産と製鉄会社漢冶萍《かんやひょう》公司が締結した五百万円の借款契約だった。うち三百万円は三井物産からの武器購入に充てるというもので、ために中国側から批判が噴出し、最終的にはこの契約は取り消された。いま一

孫文（臨時大総統就任時）

つは日本郵船と招商輪船局間の、後者を担保とした一千万円の借款問題だが、こちらは中国海運界に強い関心を寄せる英国の介入を受けて、交渉半ばで話は潰れた。

この展開に急進派の輿望《よぼう》を担った章炳麟は、孫文を「売国奴」と罵倒した。

これについて、はからずも裏舞台を垣間見せているのが、「宮崎滔天氏之談」（『宮崎滔天全集』）である。「翌日は孫文が大総統として南京に乗り込む日」とあるから、明治四十四年（一九一一）十二月三十一日の上海公館での話と思われる。

滔天が孫文を訪ねたとき、部屋には孫文とボーイがいるだけだった。みな南京に出かけたところで、孫文はカーキ色の服を着て鏡の前に立っていた。先ほど洋服屋が来て、翌日の式典で着用する大総統服の出来栄えを確かめているところだった。孫文はだしぬけに「五百万円ほど都合できぬか」といった。あした南京へ乗り込むのに「一文無し」だと。これにはさすがの滔天もあきれて、三井物産の藤瀬政次郎に知恵を求めた。

藤瀬も時期が時期だけに頭を抱えたが、なんとかやってみましょう、と別れた。漢冶萍《かんやひょう》を抵当に五百万円の借款をまとめた信用がある。ところが、最初に五十万円を持ってきて、次が二十万円、三十万円、五十万円と、最初の百五十万円を整えるのに結局は二カ月ばかりもかかったのである。北伐に備えた大軍はとっくに南京に集結しているわけだから、チビリチビリの資金繰りでは日常に対応できない。北京の袁世凱《えんせいがい》からの催促も日を追って険しくなった。

気の毒なのは、話を背負い込んだ商社の藤瀬だった。東京からやっと届いた五十万円を持って孫文の部屋に駆け込んだところ、孫はその金を机にたたきつけて「今ごろ持ってきてなんの役に立つか」と怒鳴りまくった。袁世凱に「皇帝を退位させろ」と迫って双方の条件を折り合ったのに、こんなはした金では北伐もできないと憤慨していたそうだ。

滔天はあくる日、孫文に会って藤瀬との仲をとりなしたが、孫文は素直に詫びて「政治的諸事情から、大総統を辞める決断をした」と、思いがけない話を聞くことになった。

南北難航

孫文は二月十三日臨時議会に大総統の辞表を提出し、後任に北京の袁世凱を推薦した。これを受けて、議会は袁世凱の臨時大総統就任と南京を首都とすることを承認した。正式な権限移譲は四月一日。孫文が臨時議会で正式に辞任するのを受けて、袁があとを継いだ。

その上で、袁は「諸情勢を勘案して」首都を北京に移した。

宣統帝溥儀《ふぎ》は二月十二日、退位を宣言する詔書を出した。ときに六歳。前後して、孫文は南京郊外にある明代初代の洪武帝《こうぶてい》の陵墓を訪ね、漢人の「光復」を報告する儀式を行っている。彼は中国同盟会本部の会に出席して「三民主義のうち民族、民権の二つは実現できた。残るは民生主義である。この先われわれが尽力すべきはまさにこの課題だ」と弁舌をふるった。

袁世凱

築地宜雄の記によれば、孫文が南北問題で頭を痛めたころ、滔天は孫文の意を受けて陸軍参謀総長の長谷川好道を訪ね、「二個師団の精鋭をもって支援をお願いしたい。成功の上は全満州を天皇に献上する」と申し入れたという。信じがたい話ではあるが、『滔天年譜』大正二年（一九一三）の項に「革命軍（孫文）に二個師団の武器と現金二千万円を提供し、代わりに満州を譲渡させるという森恪《もりつとむ》提案を山田純三郎（大陸浪人。良政の弟）とともに孫文に取り次いだ」とある。孫文は袁世凱打倒のために、この提案を受け入れていた。

これに対して長谷川は数日後、滔天を呼んで「孫文の希望に副うことはできない」と伝えたそうだ。孫文がかくも気安く日本軍閥を当て込み、滔天がいとも簡単に仲介役を買って出たとは、まったく解し難いことである。

この話の直後になるだろうか、孫文は同年八月十八日東京に亡命した。

この間にも、南京と北京の、いわゆる南北和議は極秘裏に進められていた。頭山満や犬養毅が南京総統府に乗り込んで、孫文に北京の危うさを説いたけれども無駄だった。結果論になるだろうが、南京には革命後の混乱を予測し収束する用意がまるでなかった。孫文は捲土重来を期して、帝政廃止と引き換えに、つまりここまでが主たる功績であって、その座を北洋軍閥の袁世凱に明け渡した。孫文は辞任式にのぞんで「哀れな観兵式だった」と述懐している。

続　落花の歌

世も人も果敢なき浮世かな
昨日の淵は今日の瀬と

変わる浮世に変わらじと
誓を立てし革命の
大義も夢と散る花の
下にたたくか張扇
泣かぬ涙に身を責めて
笑って歌う浪花

（滔天『手控』雑記より）『宮崎滔天全集』年譜［参考資料三八］

その年、中国史上初の国政選挙が行われた。この選挙で孫文派の国民党が第一党になり、その直後に党首の宋教仁が上海駅頭で暗殺された。袁は宋が求める議院内閣制を嫌って、自ら皇帝になることを望んだ。これに反発した孫文は第二次革命闘争に踏み切ったが、袁は孫文、黄興らを日本へ追いやったあと、間もなく病死してしまう。尿毒症だったが、四面楚歌の故事にならって、憤死とするのがふさわしい。袁のあとは黎元洪《れいげんこう》が大総統に、段祺瑞《だんきずい》が内閣総理になった。

これより先、孫文は日本で広東人と南洋華僑からなる秘密結社、「中華革命党」を組織した。会員は孫文への絶対服従を誓った。滔天は「党中党を立てるというようなことはよくない」と諫言したが、孫文は耳を貸さなかった。黄興は「亡命先で喧嘩するのは面白くない」と米国へ行った。張継もフランスへ去った。滔天は黙って見送った。あとに残ったのは上海都督の陳其美《ちんきび》ひとりだった。その陳も大正五年（一九一六）上海で暗殺されている。毒を盛られたといううわさが広がった。

宋教仁

この時期の激変中国を理解することは、筆者のよくするところでない。奇奇怪怪魑魅魍《ちみもう》魎《りょう》の世界なのである。新中国の誕生に立ち会った滔天は「自分たち浪人はあまり出しゃばらず、新しき志士軍人を紹介し、彼らに功をなさしむるが肝要」「この際なるべく武器とか商人の紹介なぞを避けおり候」と妻へ書き送った。中国情勢は、滔天が生息する余地さえ奪いかねない勢いで展開していた。

中国はこれより軍閥割拠の状況となり、分断と動乱の時代へと突入する。

盗泉の水は飲まぬ

辛亥革命が始まると、東京の宮崎家に対する世間の風向きはこれまでとがらり変わって、滔天一家をまごつかせた。

私服刑事の張り込みが解かれたのは当然のこととして、商社の幹部が次々と届け物を持ち込んで、子どもたちの教育費を世話しようと申し入れた。実際、学費の提供をツチに峻拒された政治家森恪は「滔天もエライが、奥さんの方がもっとエライ」といったそうだ。袁世凱が大総統に就任して間もないころ、袁は孫文を介し、滔天の中国革命に対する功労に報いるとして、彼に年々一定のコメの輸出権を与える用意があると打診してきた。これに対して滔天は「渇しても盗泉の水は飲まぬ。貴下（孫文）が北京にいることさえ好まない」と突っぱねた。

孫文は袁世凱の招きで北京入りしていた。

滔天は九月帰国した。孫文も追っかけ来日し、合間を見て、熊本荒尾の宮崎旧家を再訪した。清朝の懸賞金つきお尋ね者だったとき以来の立ち寄り。十五年の歳月が流れていた。裏庭の大きな梅の木の下で村人たちを交えて写真におさまったが、感慨はいかばかりだったろう。

滔天は東京でも世間の好奇の目にさらされながら、本郷や白山の裏通りをぶらついていた。車屋の親方や酒屋の主人、小僧など熱心な滔天ファンが付きまとった。さすがの黄興も滔天一家の貧窮ぶりを見かねて、資金は何とかするから自分の家を持ってほしいと申し入れたのである。

こうして大正三年（一九一四）六月に出来たのが、目白上り屋敷の「恩賜の家」だった。池袋駅の西南方、いまは住宅街に埋もれているが、当時は高田村の広い畑田や果樹園の中にポツンと立つ三十余坪の一軒家だった。四畳半の書斎は滔天の希望で造られた。家の周りに樹木を植えると、屋敷らしくなった。「韜園《とうえん》」と名付けた。黄興は「自由」、孫文は「博愛」の扁額を贈った。滔天は

孫文、荒尾宮崎家を二度目の訪問。宮崎家の裏庭で（『夢翔ける』）

孫文の書を好み「少しも邪気がない。天真爛漫なところは彼の本領そのままだ」と評していた。ここが滔天の終《つい》の住まいとなった。

滔天は新しい床柱の香を嗅ぎながら、書斎にこもって浪花節の台本「天草四郎」「金玉均の最期」などの原稿を書いた。相変わらずここにも中国留学生たちが寄ってきて声高に議論をしていたが、滔天はともかく、ツチはこれまでにない安らぎを覚えたはずである。前後して黄興もまた近くに家をつくり、湖南長沙から家族を呼び寄せている。

衆院選惨敗

滔天は大正四年（一九一五）三月、第十二回衆議院議員選挙に熊本県郡部選挙区から立候補した。唯一の無所属ながら、犬養毅や頭山満らが名義応援した。

滔天は、西欧列強が東洋にかまける暇のないいまこそ、袁世凱を見切り孫文にテコ入れする中国政策、「排袁援孫」という言葉もあったようだが、その方向に舵をとるいい機会と考えていた。彼は政治家や実業家や軍人の「仲」を取り結んだり引き裂いたりして自己実現を図るこれまでのやり方を見切り、より具体的現実的に渦中の人となることを望んだ。

議場に入れれば、犬養の国民党に与したに違いない。

第一次世界大戦のさなか、日本は日英同盟に拠ってドイツと交戦中だった。参戦時はドイツ艦隊の基地、中国の青島《チンタオ》と膠州《こうしゅう》湾の要塞、南洋諸島の植民地を攻略することが、日本軍の任務だった。この過程で、あるいは傍ら、時の大隈内閣は中国の袁世凱政権に対して、「対華二十一ヶ条要求」を突きつけた。要点は、山東省のドイツ権益をそっくり日本に継承せしめること、旅順・大連の租借期限を九十九年とすること、日本人の居住と営業を認めること、などだった。

この要求には、同盟国にも伏せた条項が付加されていたため交渉は難航、最終的にはそれらの条項を削って最後通牒とした。これによって日本は山東省の権益と旅順・大連の租借権延長を獲得した。

但し、この結末には注意書きを付しておく必要がある。日本政府が中国政府に最後通牒を突きつけた五月七日と、中国政府が「二十一ヶ条」を吞まされた五月九日は、中国では「国辱記念日」として記憶されたことである。以後、国際社会でも「山東問題」としてくすぶり続け、日本は大正十一年（一九二二）のワシントン会議でついに、駐留軍の撤退とともに山東省の権益を放棄せざるを得なかった。

われらが選挙はこの雰囲気の中で行われた。候補者滔天にしても、持論の「日中友好」では戦いにくかっただろう。親中論、軍拡反対論は胸底に収めて、この選挙戦の争点でもあった「日本陸軍二個師団増設問題」に「国防充実」の公約を付け足して政府方針に追随した。

結果は惨敗だった。熊本県郡部選挙区は定員八に対して十人が立候補し、滔天以外の九候補が三千票台で争ったのに対し、滔天の得票はわずか三百二十四票。ケタ違いの最下位だった。この負けっぷりについての解説はない。おまけに三百余円の借金が残った。この後始末のため、滔天は雲右衛門とふたりで米国巡業を考えたようだが、もちろん実現するはずもなかった。

黄興の国葬

大正五年（一九一六）初夏。滔天は上海で暗殺された陳其美の追悼会の案内を受けて鶴見の寺へ出かけ、久しぶりに黄興と会った。彼はすでに母国に戻っていた。積もる話をあれこれするうちに、滔天は「これという用事もないのに、何となく上海へ行きたくなった」。そして、十日後には上海にいた。

知人と旧交をあたためため、小旅行をして上海へ戻ってくると、その留守中に黄興は血を吐き卒倒していた。胃潰瘍だった。彼は「国慶節までに戻ってきなさい。一緒に酒を飲みましょう」といっていたのだが、薬石効なく、十月三十一日の夜明けがた息絶えた。急報を得て滔天が駆け付けたときには「窓辺は血汐に染み、君は目を閉じ、半ば開ける口より血の頬を伝い流れし跡さへ歴々と、早や現世の人にあらず」の状態だった。「おじさん。お父さんが安心するように何とかいってやって下さい」と泣きすがる息子黄一欧を抱きしめながら、滔天は呆然と突っ立っていた。

その一週間後、雲右衛門が結核で死んだ。彼は滔天が中国から戻ってきたとき、重態に陥っていた。名古屋の破れ家で喘いでいたところを、滔天が「死に水をとるから」と東京に連れ出した。雲右衛門は滔天の家の近くの借家で息を引きとった。その次の日、蔡鍔《さいがく》が療養先の福岡の病院で死んだ。あまり耳になじまないが、彼は湖南出身で、日本の陸士第三期卒。帰国して軍人養成に関わり、辛亥革命を経て雲南都督のとき、帝政復活を目論んだ袁世凱に対して真っ先に叛旗を翻した人物だった。

大正六年（一九一七）、滔天は黄興と蔡鍔の「国葬」に招かれた。「国葬」といっても、「民党」による公営葬の色あいが強く、ともに出身地の湖南省長沙で、蔡鍔は四月十二日、黄興は同十五日に本葬を営んだ。「国葬」ともなるとそれなりに行事が多く、滔天はとくに親交のあった黄興の葬儀日程に合わせて、二月初旬には上海から長江を遡る旅に出ている。もっとも、それと知った「東洋日の出新聞」の鈴木天眼が旅行記を押し付けてきた、その取材送稿のうっとうしさもあって、滔天に早めの出発を促したといえるだろう。旅は南京から武漢、洞庭湖を経て長沙へと続いた。

船は二週間かけて長沙桟橋に到着し、滔天は黄公営葬事務所の出迎えで陸に上がった。黄興の息子一欧夫婦の案内で黄興の霊柩を拝したが、滔天は船中の乱痴気で次の日まで頭が重かった。加えて陸の上でも宴会に次ぐ宴会。旧知の日本留学経験者も多く、乾杯はいつ果てるとも知れなかった。主催者は「黄公の志、いまだ達せず。さらなるご尽力を乞う」とあいさつした。

三月も末になってやっと「民党」主催の歓迎会が教育会館で開かれた。遠来の賓客は、兵の栄誉礼で迎えられ、講演後の退出時も栄誉礼で送られた。次の会場へ移動するとき、滔天には警察官が護衛についた。付き添った黄一欧は「おじさんがシナ人やったら総統か総理バイ。警官の護衛は当たり前ンコツ」と熊本弁で話した。

四月十二日の蔡鍔の葬儀はひどい風雨に見舞われて、会葬者はずぶ濡れになった。滔天も濡れ鼠さながら、ついには寒さに堪えきれず、葬列から脱落して宿舎へ逃げ戻った。

長沙での滔天歓迎会（『宮崎滔天全集』）

一方、黄興の葬祭は十五日に本葬を控えて、二日前から参列ができた。朝方はまだ小雨が残っていたけれども次第に治まる気配で、明け方から参拝者が絶えず、夜の十時ごろまで列がつづいた。次の日も終日、客は絶えることがなかった。本葬の十五日も曇天を持ちこたえ、暑からず寒からず。国会議員代表張継はじめ官民二千人が参加した。

出棺は定刻九時に始まった。軍楽隊の先導で軍隊や学生隊、関係団体の代表者がつづき、そのあとに霊柩、遺族親族、友人たちが随従した。狭い街道は群衆で埋め尽くされて葬列はしばしば立ち往生し、一里もない河岸にたどり着くのに二時間半を要した。霊柩は白布に覆われて小汽船に移され、軍旗を掲げた官船に護られて対岸へ渡り、礼砲や爆竹が殷々とする中を嶽麓山上の墓地へ運ばれ岩窟の中に安置された。その前には祭壇が設けられていて、大総統代理以下の祭文が読み上げられ、一同拝礼して新共和国の国典による葬儀は終わった。帰りは夕闇の中だった。

「国葬」が済んだあとも飲みごとが多く、結局、滔天は五月十二日まで長沙に留まった。この間、彼は湖南省立第一師範学校の学生だった毛沢東らの訪問を受け、その依頼により同校で講演している。滔天のことだ。随分と若者たちをけしかけたに違いない。毛は学友会の書記をしており、中国の将来に強い関心を寄せていた。

政情混沌

滔天が船と汽車を乗り継いで上海へ戻ると、妻ツチは体調をくずして入院していた。いささか突飛な感がなくもないが、彼女は前年の暮れから上海虹口の日本人租界のはずれに小さな家を借りていた。住所は「上海崑山路第1号A」とある。

幸い、病状は大事に至らなかったけれども、出入りしていた学生の後日談によると、滔天の印象はほとんどなく、ツチの姉「民報おばさん」こと前田ツナが同居していて、学生たちに「天下をとるのもチットの辛抱ですバイ」と檄を飛ばしていたという。娘の節子も一時いたという証言もある。

ときには姉妹でスッポン鍋やすき焼きをご馳走したり、留学生の電車賃を都合してやったりしていた。市場裏の粗末な家とはいえ、ツチが家賃や生活費をどうやって捻出していたか不思議な感じだが、いまさら詮索しても始まるまい。

「滔天年譜」大正七年（一九一八）五月三十日の項には「湖南省への武器供与、借款不成立を在上海のツチに報知」という、いわくありげな記事もある。滔天自身はほとんど居ついた気配がないが、格別な思惑が絡むアジトだったのかも知れない。

そして「(七年）十二月初旬？　ツチ上海より帰宅」。ほぼ二年の上海生活を打ち切り、ツチは東京へ戻った。

話は少し戻るが、滔天が湖南の旅に出かけたころ、北京は世界大戦をめぐって大混乱に陥っていた。時の大総統黎元洪《れいげんこう》と国務総理段祺瑞《だんきずい》との対立が抜き差しならなくなっていた。単純にいえば、対ドイツ戦に参戦するかしないかの問題である。段総理は黎総統の反対を押し切ってドイツとの断交に踏み切ったのだが、その強硬策に怒った黎は段を解任し、弁髪派の張勲に頼ろうとした。ところが張勲は黎総統を追い払い、廃帝の溥儀《ふぎ》を呼び戻して清朝の復活を宣言する一大椿事となった。

驚いた段祺瑞は直ちに兵を返して首都を奪還し、復活清朝を蹴散らした上、ドイツに宣戦布告した。彼はこの機会に日本の支援を得て全中国を武力統一する野望を秘めていたのだが、広東で情勢を見ていた孫文は時を移さず旧国会議員の結集を求め、非常国会の開催を呼び掛けた。その結果、ひと月後に広東軍政府が成立し、南北戦争といわれる本格的な内戦へと拡大した。

翌大正七年（一九一八）早々、滔天は日支国民協会の委嘱を受けて、また上海へ渡った。犬養や頭山によって創立された団体で、南北妥協の可能性をさぐるというのが趣旨だった。滔天はふた月余り孫文周辺を取材したようだが、帰国後「（孫文の）南軍の戦意は旺盛で、日本の策士が（北京政権派の）北軍との妥協を謀ってもムダである」と報告した。

しかし、現実はかなり違っていた。もともと広東軍政府そのものが南方軍閥との合作で、その親玉が反孫派だったから、孫文は大元帥といえども安泰とはいえなかったのだ。実際、滔天の調査報告がおおやけになったころには、孫文は大元帥を返上して、日本に遁れていた。

孫文の滞日は短かった。門司に入国し箱根、京都をまわって神戸から出国した。刺客に付け狙われていることを察知して、急ぎ日程を変更したという。「東京朝日新聞」には「孫文氏、箱根落ち」とある。この間ずっと付き添った滔天は「別れに臨んで彼と手を握ったときの彼の顔色、アヽその無言の顔色は、実に言ふに言はれぬ印象を私の頭に刻みつけました。憐れ孫君は日支親善主義の犠牲に終るのであらうか。亜細亜主義の殉教者として終るのであらうか」と、滔天は自ら「悲観病」といっていたのだが、相当な落ち込みようだった。

山ごもり

「悲観病」の病源ははっきりしている。滔天はこのころ吐血して、複数の医師から酒の飲み過ぎによる腎臓病と診断され、禁酒と安静を命じられていた。薬は鯉のスープとゲンノショウコである。こういうとき、なぜか頭山満が登場する。滔天は「悲観病」の治療法を求めて彼を訪ねた。雲右衛門に弟子入りしたときの、唯一の理解者でもある。

頭山はうつむいたまま滔天の話を聞いていたが、しばし間をおいて口を開いた。「デ、あるから、長生きが必要じゃ。現世より逃げるような卑怯な真似は仕舞いじゃないか。やれるまでやってやれなきゃそれまで。それにつけても健康が第一。万事を放って田舎に遊びに行って来たまへ」「ここに二百円ある。早速何処かへ行くが好い。見たり聞いたりすると人間だから刺激される。新聞も読まぬが好い。身体が資本だ。強固な資本にして貰ひたい」。滔天は「涙のこぼるる思い」で帰宅した。

家に戻ると、節子が台所で父親の帰りを待っていた。滔天は盆のこととて百円を与え、残りの金を懐にして、親友を誘って群馬の水上村湯古屋へ出かけた。

東京から電車、舟、馬車を乗り継いで三泊四日の行程、最後は馬子を雇ってよじ登るような僻地だった。山道のどんづまりに数軒の農家が庇《ひさし》を寄せ合って、路傍に引いた温泉はいつでもだれでも使いたい放題である。近くに洞源の滝という七十余尺の大瀑布があって、河原に寝そべると、たちまち俗世は飛沫と化して天上極楽に遊ぶ思いがした。岩魚ヤマメの群れる姿を木漏れ日の中に見た。旅人は農家の一室を借りるのだが、下界ならばハエ蚊の季節だのに、終日涼風が流れて戸障子も無用、という結構なところだった。

ただし、滔天はこの宿で、しかも酒抜きで、「上海日日新聞」連載用の『銷夏漫録《しょうかまんろく》』の原稿を起こしているから、この湯治もそれほど気楽なものではなかっただろう。

どのくらい仙境にあったろうか。秋口に下山して関西を旅し、つづけて実姉の依頼用件で朝鮮へ出かけている。帰国すると、満州で財をなした旧大陸浪人や関西在住の「革命同志」らの誘いに乗って京都祇園や宇治などで大いに気炎を上げ、ご当人は禁酒と安静の身であることを二カ月近くも忘れていた。「悲観病」もいい加減なのである。

気づいたときは、全身に水腫が出て巨体は風船玉のように膨れ上がっていた。飲んでみなければ根治の程度がわからない、それほどに厄介な病気なのである。師走。鶴見総持寺で行われた黄興の建碑追悼式は欠席せざるを得なかった。

年末、妻ツチが二年間の上海生活を打ち切って戻ってきた。

シベリア出兵

滔天が利根川水源の極楽湯に浸っているころ、五年越しの世界戦争は一大転機を迎えていた。ロシア帝国が社会主義革命で崩壊したのは前年のことだったが、気がつけば、ドイツも英仏連合軍の包囲網を破れず、ついには水兵の反乱で帝政を廃し、事実上、戦いは終幕に近づいていた。

このなかで、日本はシベリア出兵に踏み切った。極北の荒地に幽閉されたチェコ軍兵四万を救出するという名分で、他国とはケタ違いの七万余の兵をウラジオストクに送り込んでいる。連合国はこれによってドイツを東西から挟撃すると同時に、ロシアに誕生した革命政権をつぶすという、いわゆる干渉戦争を仕掛けたのだった。

大正七年（一九一八）十一月、戦争はドイツ軍の全面降伏で幕を閉じた。しかし、シベリアの日本軍はそのまま居座って、ついにはアムール河口ニコラエフスクでの、いわゆる

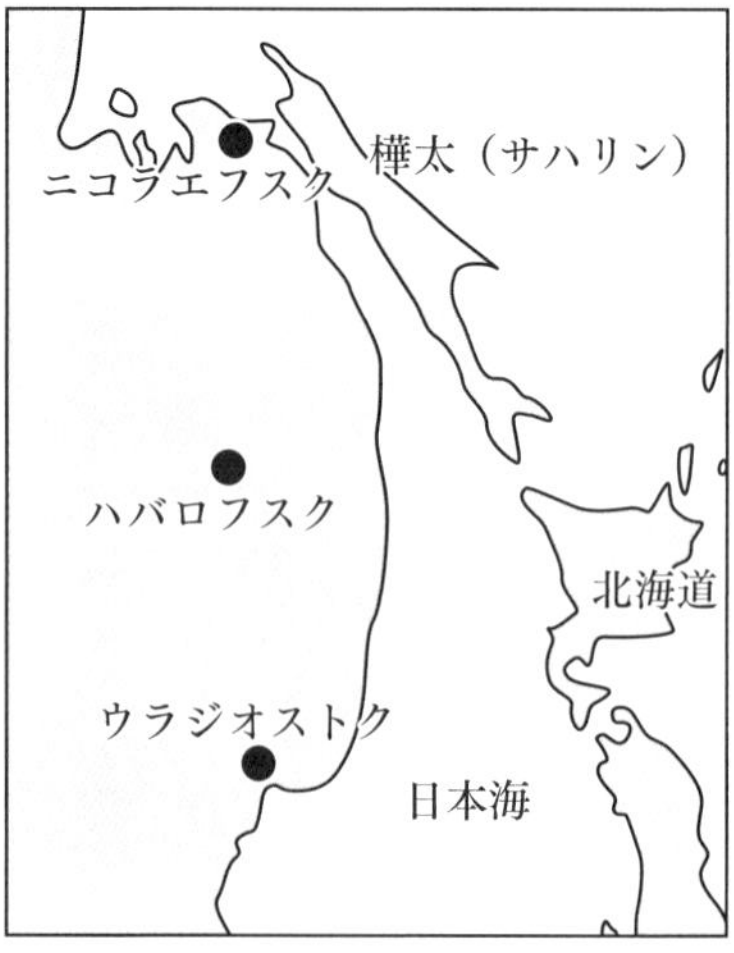

シベリア出兵の悲劇の舞台となったウラジオストクとニコラエフスク（尼港）。

尼港事件の悲劇を迎えたのだった（大正九年春）。日本軍民七百余人がソヴィエトのパルチザンに惨殺されている。

滔天は怒りの筆を執った。『出鱈目日記』（六月十一日）の記述から以下。

「日本国民は最初より今日に至るまで、西伯利《シベリア》出兵の理由を知らず、之を問ふも明瞭な返答を得ざりき。故に終始不満を以て之を傍観せり。その不満の結果として、出征兵士にまで冷淡の態度を取れり。思ふに出征兵士もまた、恐らくは其出征の理由を自得せるものあらざるべし。斯《か》く意義不明瞭の出征に戦死し、あらん限りの侮辱を受けて惨殺さるるに至って、何れの時にか浮ばるべき」

「当局はシベリアに於ける自家迷妄《めいもう》の野心を充たさんがために兵を弄し、（救出さるべき在留民を）みすみす狼の餌食に供したるなり。一般国民が攻撃の矛先を彼（ロシア）に向けずして是（日本）に向くる所以《ゆえん》はここにあり」

滔天自身、シベリア出兵の意味を理解できない。それが証拠に、『日記』は三日つづけて、シベリア出兵と尼港事件にこだわった。国内紙も詳報を競った。ところが、新聞がいくら騒いでも、国民の方はどういうわけか、反応する様子がない。滔天は焦り、苛立ち、怒り、結局は『日記』に託して、「上海日日新聞」に送りこんだ。

滔天は旅行先の宿屋で、隣の部屋の出征兵士がぼそぼそ語り合う話を聞くともなしに聞いていた。「家の者は餓死、我々は戦死、恨みっこなし、気がかりなし、で丁度いいか」というのが、夜を徹した彼らの結論だった。

「大阪朝日新聞」が、時の政府を糾弾する雑報記事で「白虹《はっこう》日を貫けり」と書いたのは大戦末期。このことば一つが政府や右翼勢力を強く刺激し、新聞社自体が存亡の危機にさらされた。「白虹日を貫けり」とは動乱革命の予兆を意味した。日本が米騒動のなかシベリア出兵に前のめりになったころの話である。

第四部　小春《こはる》

大正八年（一九一九）元旦。滔天は自宅で早起きした。久しぶり家族そろって新年を祝うのである。昨夜のうちに借金取りを追っ払い、一夜明ければ日本晴れの好天気で、体調もまずまず。早々と家人をたたき起こして祝い膳を前にした。

滔天は「人類が各人個々の大努力大奮発をなすべき第一日第一歩。その門出を祝う元旦と存じ候」と、屠蘇《とそ》酒二三杯を口にして壮大な気分に浸った。ところが、早くも八時には「屠蘇雑煮《ぞうに》を祝ひ過ぎての失態を一睡に誤魔化す」展開となった。

元日の朝

実を明かせば、彼の病は酒はもちろん餅も肉もダメ、塩辛いものも禁止である。となると、「屠蘇雑煮」は病人の強がり。賢妻お手製の「ソバがき」と「ゆで小豆」をつつくばかりで、いやでも杯を伏せて横になるほかなかっただろう。彼は自室に引きこもり、得体の知れないうっ憤を原稿用紙にぶつけるほかなかった。

「実際酒を禁《や》め、毎日炬燵《こたつ》の中に足突き込んで、頬杖ついて精々新聞位を読んで居る私の現状を省みるに、まるで生きた屍《かばね》です。意気は悄沈して鼻糞ほどの活気も無く、仮令《たとえば》は火消えて水蒸気の発散一時に中止せる如……」

この年二月から「上海日日新聞」に連載された随想『炬燵の中より』は、新聞社の社長宛ての手紙文体だが、「つらつら惟《おもんみ》るに、私といふものは、女性的性分を享《う》け得て、誤って男子に生まれた一種の変性漢です。酒の援助なくては、人様の前に自分の意志を言明することも能《よ》くせず、成るべくは人様のご意見に譲歩して、其人の満足を以て自ら満足せんとする弱虫なのです。私が天より享け来たった自然の性分なるものは、まさしく淫奔娘のそれなのです」

書斎の滔天

読者がいまに確認できる宮崎滔天の人相風体からすれば、いささか自虐的な、あるいは戯画的な表現に思われるけれども、案外、彼自身は早くから英雄豪傑にふさわしからざる「女性的な心情」を自覚していたのかも知れない。そのことを強く推測させるのが、『三十三年の夢』（岩波文庫）の書き出し文「半生夢さめて落花を思う」にあった。

「ああ、半生《はんせい》夢さめて落花を思う。すなわち鏡に対して一笑していわく、君の容貌一癖《ひとくせ》ありそうにして、しかして何ぞ意気地なきの甚《はなは》だしきや、君の風骨《ふうこつ》英霊なるが如くにして、しかしてその手腕なんぞ鈍《どん》なる、君の体躯《たいく》いたずらに長大にして、しかしてその心なんぞ豆の如くなる、君の行為不羈《ふき》磊落《らいらく》なるがごとくして、しかしてその情なんぞ婦女の如くなる、君はこれ、ついに天下の不英雄《ふえいゆう》なり、ああ不英雄なるかな、天下の不英雄、君と我とのみ。ともに歌わん落花の歌、ともに奏《そう》せん落花の曲……」

ところが、その舌の根の乾かないうちに「マダ絶対禁酒を誓言する勇気がありません。否々、実は好きな酒が一日も早く飲めるようにと思って、それを楽しみに苦しい禁酒を続けて居るような次第です」と開き直る。アルコール中毒患者が禁断症状にのたうち回っている観がないでもないが、それはそれ、現実の滔天は新春の時局講演会や平民宰相原敬の演説を聞きに都心に出かけていた。

普選運動

なかでも関心を寄せたのが普通選挙、略して普選運動だった。資産や性別によって選挙権が制限されていた時代である。

その年一月十九日、学術団体「黎明会《れいめいかい》」による、普選実現を目指す講演会が開かれた。寒気のつのる冬の夕、それも十銭の入場料に関わらず、会場の神田青年会館に多くの聴衆が詰めかけた。定刻六時には満員札止め、立錐の余地もない賑わいだった。

弁士はいずれも普通選挙の早期実現を強調し、聴衆もまた盛んな拍手で応え、滔天は「一人の野次馬も見ざりしは、近頃珍しき演説会」(『東京より』)といたく感心した様子。演説の切れ目に、「普通選挙ハガキ運動会」を名乗る婦人たちが、選挙権を請願する趣旨のビラを配っていたのが印象的だった。

さらに滔天をうならせたのが、同じ神田青年会館を使った、二月十一日の紀元節の大演説会だ。聴衆が殺到して館内は悲鳴と怒号が交錯し、楽屋も壇上も身動きできない状況になった。雄弁家で知られた咢堂《がくどう》こと尾崎行雄が演壇に立つと「万歳々々」「脱帽々々」「憲政の神様」などと絶叫錯綜して、彼は三十分ばかり立往生した。頃合いを見て尾崎が「諸君！」と声を揚げると、満場はたちまち水を打ったように静まり、要所要所で猛烈な喝采を巻き起こした。大演説は一時間半にも及んだ。

「尾崎君が帰らんとするや、場外に溢れたる聴衆は万歳を高唱しつゝ、君の自動車を追っ駆くること数丁に及ぶ……」と、滔天はその夜の興奮を伝えている。

これを一例として、世間に咢堂株が急騰する中、滔天はつい犬養毅に想い及んで「木堂、老ひたり」の感を深くし、頭山満が便所で卒倒した騒ぎなどと重ねて、時代の流れをかみしめるのである。ともすれば炬燵にもぐる滔天にとっても、他人ごとではなかったはずである。

そのころの滔天を支えたのは、家族をおいて他にない。妻ツチについてはいうまでもないことだが、長男龍介の存在を抜きにして語りつづけるのは難しい。折しも、東京帝大法科に在学していた龍介は教授吉野作造の普選運動に関心を抱き、その研究会に属する傍ら、学生自治組織「新人会」を興して「デモクラシー」なる研究誌を創刊した。ところが、何が当局の機嫌を損ねたか、たちまち第二号の発禁処分を受けた上、仮編集本部とした下宿屋からも締め出されてしまったのである。

これを知った滔天は、管理を託されていた高田村の黄興の空き邸宅を「新人会」に無償で提供した。その家は部屋数が十三もある庭付きの豪邸で、開放されると、機関誌の編集発行ばかりか、総合雑誌の手伝い作業、学内外の例会や座談会、各種団体の連絡センターの機能も果たした。借家人は寝るも起きるも勝手で、食事するときは戦場のような賑わいだった。

そうした雰囲気の中で「新人会」は影響力を強め、各地に支部を拡げていった。その中心に龍介がいたことはいうまでもない。滔天は息子世代の活気を見守るほかなく、時代の移り変わりに目を見張っていた。そのとき、ちょうど五十歳。今後の生き方について「第一に現在の病気を根本的に治療すること、第二には読書すること、第三には世運の変遷に注意を怠らぬこと」(『炬燵の中より』)

「新人会」主催の「紀元節大演説会」。(前列右から)吉野作造、尾崎行雄、宮崎龍介

と整理した上で、ここをうまく乗り切ることができれば、何かもう一働きをして、この世にオサラバしようと思うのだった。

なるほど滔天はこのころ、自分を鏡に映し出しては「ともに歌わん落花の歌、ともに奏せん落花の曲」の境地をさまよっていた。多分そうだろうと推測する材料の一つは、朝鮮で民族独立運動が燃え盛ったときの、彼の心境である。

朝鮮が日本の植民地になってすでに九年、強引に同化政策が進められる中で、農民の多くは小作農火田民《かでんみん》に転落し、低賃金労働者が急増し、多くの流亡の民を生み出していた。その一方でロシア革命が成功し、米大統領の民族自決宣言が地球をめぐる、まさにそのころだった。

亡国の惨

事件は大正八年（一九一九）三月一日、ソウル（京城）でおこった。宗教関係者の「独立宣言」がきっかけになって数十万の市民がデモに加わり、「独立万歳」の声が市街を覆った。のちにいう「万歳事件（三・一独立運動）」は燎原の火のごとく、たちまち半島全域に広がり、民衆は鎌や鍬を振るって村役所や軍警派出所を襲撃した。軍隊が出動してなんとか鎮圧したが、死傷者は五万人以上といわれた。

滔天はこの「朝鮮炎上」に戦慄した。だけど意外感は乏しい。というのは、ほんの数カ月前の晩秋、ソウルを往来したばかりで、植民地の惨状を垣間見たからである。もともと「朝鮮は要事のないところ」と割り切っていたこともあるが、思いがけず姉の築地《ついじ》トミに頼みごとを持ち込まれ、朝鮮通の甥、房雄の案内で、初めて海峡を渡った。

その時の話になる。

釜山の栈橋に降り立ったとき、一番に目にしたのが憲兵の右往左往するサマだった。波止場では朝鮮苦力が立ち働いていた。街並みはすべて日本式で、それにしては山々が丸禿になっていることが印象的だった。

ソウルへ向けて汽車が動き出すと、彼は沿線の風景の一点一画も見逃すまいと気構えた。田地に点在する掘立小屋は人間の住まいであること、収穫したコメは徳米として地主に納め、農民の多くは麦、野菜やイモで食いつないでいることなどを、房雄が教えてくれた。わずかに賑やかな場所は日本人が演出しているという。住民の多くは裏町の隅っこに押しやられて、小さくなっているとのことだ。

滔天らは日暮れて、ソウルの旅館に入った。しかし、以来三日間というもの、彼は部屋に籠ったまま一歩も外へ出なかった。見るもの聞くものすべてが衝撃的で、はた目にも彼の滅入り方は尋常でなかった。姉の用件はなんとか済ませたけれども、甥が市内見物に誘ってもその気になれず、また知人にも自ら進んで会おうとはしなかった。数日を経てやっと気分を持ち直し仁川見物に出かけたが、滔天は景観を愛でるばかりで俗事に関わらず、ソウルで房雄と別れて、ひとり往路を逆にたどって帰国した。

「亡国の惨は、昔も今も西も東も、何處《どこ》までも惨の惨なるものです」（『朝鮮のぞ記』）。彼はこの旅で朝鮮の陰陰滅滅たる状況を体験して、いずれ万歳事件のあることを察したのではないかと思うのだ。

朝鮮の万歳事件の地鳴りは、海を越え陸地を伝って、隣

旧朝鮮総督府

国中国に押し寄せた。ふた月後の五月四日、北京の学生数千人が反日デモを展開した。第一次世界大戦を締め括るパリ講和会議が結果的に、中国の頭越しに山東省の旧ドイツ権益を日本に移譲するなど、日本のごり押しを許したことに対する抗議運動だった。標的は日本である。

天安門広場に集まった学生たちは政府の親日派要人の邸宅に向かい、警備軍と木刀や投石でやり合ったのち、ついには門をこじ開けて邸内に乱入し、火を放つ狼藉《ろうぜき》となった。これがその後、全国二百余の都市に波及し、中国全土を沸騰させた、いわゆる「五・四運動」の始まりだった。

上海では二万人規模の大集会になった。学生は授業を放棄し、商店は閉ざされ、労働者はストライキで呼応して、全国的に都市機能はマヒした。東京でも千人規模の留学生が警官隊と衝突し、多くの逮捕者とけが人を出した。

この騒ぎの中で、知日派を代表する張継《ちょうけい》、何天炯《かてんけい》、戴天仇《たいてんきゅう》の三人が「日本国民に告ぐ」と題した共同声明を発表した。「国民の怨恨は骨髄まで染み通れり。排日行為はまったく不可避である」と。日本の新聞もこれを大々的に掲載した。さすがの滔天も動揺した。「言や率直也、而して又御尤も也」とはいったものの、よくよく読めばこれは日本に対する絶縁状ではないか。滔天は追っかけ、「上海日日新聞」に筆をとった。

「殊に山東に於ける日本の働きを無視して、直接ドイツより還付せしめんというが如き論法は、余りに虫の好き料簡《りょうけん》というべし。余りに日本を侮辱した振る舞いというべし。かくしては駄々《だだ》ッ子も同様なり、とてもお話にならぬ仕打ちに候」「日本も支那も根本的改造を要する国なり。グズグズすると共に白人にしてやらるべき運命に置かれたる国なり。両国が互いにその欠点を指摘して堂々と注文を提出するは大に好し、我はこの点について三君の行動を多とするものなり。然れども不論理的行動を敢てして、独り白人に乗ぜしむるは、決して思慮ある国民の行為に非ずと存じ候」（『東京より』要約）。

開き直りの感なきにしもあらず。だが後日六月十五日付で滔天の許に、共同声明の執筆者のひとり戴天仇から日本文の手紙が届いた。滔天の反論を「上海日日新聞」で読んで、それにこと寄せた私信だった。彼は要旨次のようにいう。

「支那で排日風潮が広く伝わったのは、決して支那国民の責任ではありません。単に支那の改革のみで、東洋問題を解決できるような時代ではない。日本の内閣を替えただけで黄色人種の生存を保ち、アジアの文明を維持することはできないのと同じです。互いの国の軍閥、党閥、財閥の脳髄から覚醒させなければならない。僕らはただ信じる方向へ進むほかに道はないのです」。そして滔天の健康を気遣い「奥様に宜しく」と書き添えていた。

（上村希美雄『宮崎兄弟伝　完結編』）

世界大戦をしめくくるパリ講和会議は六月二十八日閉幕した。中国は五・四運動の当然の帰結として、ヴェルサイユ条約の調印を拒否した。

父子同船

この夏、滔天は何度目かの禁酒を誓った。どうも健康がすぐれないのだ。体力よりも気力の問題かとも思われる。突然「何のために生きなければならないのか」という難問にぶつかって、もちろん正解があるはずもなく、とどのつまり「我は老いたり疲れたり」。そして毎日「薄ボンヤリのデクの坊の我を見出すのです」(『近状 如件《くだんのごとし》』)。

ところが、秋風のたつころ、その「デクの坊」が突然跳ね起きた。上海行きの船便にキャンセルが出たと連絡が入ったときだ。翌日、神戸郵船の熊野丸が神戸港を出航するという。途端に気力充満して、あたふたと旅支度を整え、家を飛び出した。とても昼過ぎまでゴロゴロしていた、あの初老男の身のこなしとは思えない。夕方七時の夜行列車に乗れば船に間に合う。かくして東京駅へ駆け付け、神戸までの汽車の切符を手にして待合室で煙草の煙を吐いたとき、格別の用もないまま走り出した自分の粗忽さがおかしかった。強いて理屈をこねれば、中国の土地を踏んでみたい、友だちの顔が見たい、ただ、それだけのことである。

この旅で何より意外だったのは、神戸に着いて本船に移るランチに乗ったとき、息子の龍介とばったり出会ったことだ。彼は十日前に中国へ行くといって家を出ていた。聞けば、中国航路は満員つづきで足止めを食い、やっとこの船に乗ることができたとのことだ。吉野教授に日中学生交換講演会の仕事を頼まれて渡航するところだった。

滔天は好伴侶を得て、ご機嫌だった。父子は上海で下船すると、そろって勝田館差し回しの馬車に乗った。勝田館は滔天の定宿で、彼は出発時に電報を送っていた。馬車から見るかぎり上海の通りは平穏で、一時燃え盛った排日運動も一段落したようだった。

次の日、滔天父子は何天烱を訪ね、互いの無事を喜んだ。龍介は途中で戴天仇に会いに行った。旧知の仲である。張継宅にも立ち寄ったが、本人は留守だった。成長した姿を見せたかったのだろう。

この三人はもともと知日派で知られたが、さきの五・四運動では連名で痛烈な排日宣言を発表し、滔天を大いに慌てさせていた。その後、私信を交わして個人的関係は修復されたようだったが、膝を交えて語り合うに如くはない。久しぶりの滔天は「彼らはむしろ、新時代に対応すべく変身しつつある」と感じ、気分を好くしたようだった。


上海滞在十日間は、滔天にとっては思索の旅だった。かつてのように人と酒を求めて徘徊することはない。龍介と同世代の「少数の青年学生諸君」に会う、それが一番の目的だった。彼らが国をどうしようとしているのかを直に知りたかった。そして実際に、彼らの「愛国の熱情と一種の見識に驚かざるを得なかった」のである。

たとえば、北京の五・四運動。学生のデモ隊が大通りを通過して公使館区域に通りかかったとき、リーダーが米国公使館を訪ねて通過する許可を求めた。米公使は「君たちの国土を君たちが通過するのだ。貴国警察は通過させるなといっているが、わが管轄区域は自由に通過されたい」といった。彼らは万歳を叫んで米公使館を通り抜けて行った。ところが、日本公使館区域にかかると、館員が階上から冷笑を浴びせたため、デモ隊は興奮して暴動になった。

話ついでに、滔天が聞いたもう一例。上海の日本公館勤務の警備員が巡回中、中国人が排日宣伝のビラを撒いているのを見つけ、その男を捕らえようとした。すると、たちまち数百人の中国人が取り囲んで、もみ合いになったのである。そこへ一人の米国人宣教師が現れ、この男は教会の信者で決して怪しい者ではない、といって連れ去った。語り手は、日本に大いに憤慨していた。

滔天はこの二つの話を並べて、さて、貴君は日本人と米国人とどちらの行為に軍配を挙げるか、と問いかける。常識人ならば問われずともわかる。排日の根は深いのである。滔天の日中論は延々とつづく。これまでにない思索の旅だった。

龍介は上海に来た翌日、父親と別れて、一高時代の留学生友人の案内で上海フランス租界にある孫文の寓居を訪ねている。「お尋ね者」の孫文が密かに小石川原町の滔天家に身を寄せて以来の再会で、当時、龍介はまだ中学生だった。「孫おじさん」は驚いたり喜んだり、大歓迎したに違いない。龍介は簡素な書斎に案内され、自分の関わっている「新人会」の活動や吉野博士のことなどを話した。孫文は興味深げに耳を傾けていたが、逆に中国の南北妥協問題についで聞かれると「もう終わった話だ」と笑い流した。そして、革命路線についての自己批判と展望をゆったりと語ってくれたのだった。

龍介は「これから学連の仕事で北京へ行きます」と告げて、孫文の家を出た。

滔天は、ほんの数日に過ぎなかったが、異国でわが子と時間を共にして、あらためて時の流れを感じた。自らの、いわば歴史的役割が終わろうとしていることを、思わざるを得なかった。「帰去来《かえりなんいざ》！　帰去来！　私のいわゆる『無忙の忙』はすでに終われり。『無用の用』はすでに済みたり。若返らんとしつつある同志友人の顔を見たり。世界人類主義に発展せんとする青年を見たり。モー沢山だ！　私は高田村の韜園に帰りて宰予《さいよ》（孔子の弟子）を学ばん哉」（『久方ぶりの記』）。

滔天は九月下旬、八幡丸で帰国した。家に帰り着いたのは十月三日だった。

師走の旅

旅の疲れを癒す間もなく、次の日程が控えていた。明治三十三年（一九〇〇）の恵州蜂起で犠牲になった唯一の日本人、山田良政の建碑式が十月十五日に弘前で行われる、その発起人に滔天は名前を連ねていた。

世話人の計らいで十三日夜上野発の列車に乗って翌日午後青森着、そこから奥羽線に乗り換えて弘前まで、ほぼ一昼夜の旅だった。そして早速、地元の歓迎宴会である。出席者百五十余人。往時を偲ぶ演説を強いられたのはやむを得ないとして、禁酒の身が悲しかった。

建碑式は次の日、山田家の菩提寺で行われた。自然石に孫文撰書の碑文が刻まれていた。読経に続いて滔天が名目発起人を代表してあいさつした。なにぶん二十年近くも前のこと、しかも、実際には生死さえわからない人物をわかったように追悼するのは、さすがの滔天も苦痛だった。終われば、発起人の歓迎会と慰労会である。地元の料理や温泉を楽しむどころではなかっただろう。

滔天は十七日、陸奥を離れた。青森から先の上り線は深夜便の一人旅になった。「わが家の内務大臣」妻ツチから「宇都宮へ直行せよ」との電報を受けたためである。何ごとぞ。「問うをやめよ。私事なり」と滔天は説明を拒否している。

気になるのは、この旅を六兵衛の名で綴った『旅中漫録』である。行程を見ると、宇都宮から鹿沼に至り日光東照宮を見物したあと、仙台、盛岡、函館、札幌をひと月がかりで巡っている。道中、松島の景観を愛で、さんさ時雨の踊りを楽しみ、南部鉄瓶を土産に選んだのはわかるけれども、何のためにこんな旅行を決行したのか、「問うをやめよ。私事なり」で済むはずがない。「一行六人相携えて」の旅路ならばなおのこと。彼らは十一月半ばの寒波に驚いて北海道の行程を打ち切り、いったん東京へ舞い戻るが、下旬にはまた越後長岡、小千谷、信州松本、上諏訪、茅野、飯田町、八王子へと転進している。

山田良政

この一大旅行の謎解きである。滔天はこの年の瀬、家を出て自然に遊ぶことは「牢獄を出でて天日を仰ぐの心地ぞする」といった。年末ともなれば、ただでさえ借金取りが押しかけてくるのに、「わが唯一の味方と頼める嬶《かか》までが忽《たちま》ち反旗を翻して敵の急先鋒となり、ヒステリックな声ふりたてゝ喰って掛かり来る時に、家庭なるものは牢獄以上の牢獄也。何の幸福か之れあらむ」と開き直った。いかな恐妻家でもこの言い分はなかろう。しかも、寒気の募るこの季節に、正体不明の六人が多分、宇都宮で落ち合った気配である。物見遊山にしては不可解だ。

結論を急ごう。勝手な推測だが、滔天は仲間と一緒に浪花節の行脚に出かけたのだ。それも、妻ツチにさんざん毒づかれた上で！　彼女は東京にあって、滔天一座の日程調整と管理、そして監視にあたったに違いない。

そのころ、浪花節はまさに絶頂期を迎えようとしていた。その人気は明治後期から爆発的に急伸し、大正中期には先輩格の落語や講談を凌ぐ大衆芸として定着しつつあった。滔天が首を突っ込んだのは師匠の雲右衛門はじめ吉田奈良丸、一心亭辰雄らが人気を競う最中のことで、だとすれば、賢明なツチが、ヒステリックであろうとなかろうと、怠惰な亭主の尻を引っぱたくことがあって不思議はなかろう。滔天の東北から北海道、また上信越の旅は、越年資金をひねり出すための浪花節興行だったと思われるのである。
自宅に帰り着いたのは、初雪の舞う十二月十三日だった。

初春大繁盛

大正九年（一九二〇）元旦。滔天家は賑わった。家族五人（夫婦と龍介、震作、節子）に黄興の次男厚端《こうたん》、爺やの政どん、家政婦一人、は昨年に同じ。そこへツチの甥姪三人と、柿沼トヨとの間に生まれた駿之助が加わって、総勢十二人にもなった。前田家の三人は親が急病になったため緊急疎開してきたもの、駿坊は暮れに引きとったばかりである。ともあれ、にぎやか好きの滔天は一家繁栄の兆しとご機嫌で、ツチも新年を無事に迎えられたことを喜んだ。滔天の屠蘇酒は唇を湿しただけ。雑煮の餅は上海の勝田館の主人が贈ってくれた中国産もち米でつくられたものだ。

そんな家族宴の最中にも、近くの黄興宅に住みついた龍介の仲間、「新人会」の連中、また中国留学生らが無遠慮に割り込んで来て、よく飲みよく食いよくしゃべり、主人滔天を圧倒した。「我れ五十一の春を迎へて頭の改造を思ふや切也」（『出鱈目日記』）。

正月客が絶えると、小さな子どもたちと凧揚げを楽しみ、郷里のうば貝に舌鼓を打った。近年、望郷の念強く、何かと子どものころが思い出されて口走るものだから、妻子に「年をとった」とからかわれるのもやむを得まい。実際、彼の筆になる政論も人物評も、昔日を偲ぶものが多くなった。

それにしても、滔天家のおおらかさ。三月中ごろセリセフという亡命ロシア人が、だれの紹介か、滔天の狭い家に転がり込んできた。親友どもは「貧乏のくせに居候《いそうろう》を置くのはやめろ」と忠告したけれども、滔天は「道楽の一つ」とかまわなかった。

実際、滔天家にはさきに紹介した黄興のむすこ厚端と病気治療で来日したその姉の震華《しんか》、それに東京見物に上京してきた六十六歳の長姉ルモが居残っていた。そこに遠来の珍客セリセフが加わった。ツチの機嫌がどうだったか、わからないのは残念だが、滔天は鶏をつぶしてご馳走したりイチゴ狩りを催したりして、サービスにこれ努めている。

ロシアから来た居候君は農事を手伝い、麦飯と味噌汁の食事を好んだ。時に娘が琴三味線またバイオリンを演じて慰めると、彼は音楽好きだったという妻の写真を取り出して涙をこぼした。家族の消息はまったく知れない。そんなとき、滔天が不慣れな琵琶をかき鳴らすと、彼も気を取り直して、同じ琵琶の糸を弾いて大笑いするのだった。滔天は酒を断って早寝早起きをモットーに掲げたが、セリセフが加わってのち、晩さん後は家族みんなで夜中まで雑談するのが日常になり、早寝早起きはついぞ果たせなかった。

セリセフは、滔天の『出鱈目日記』から一時不明になる。が、ひと夏を過ぎたころ、滔天家の属する借地人秋季懇親会に震作とともに弊衣《へいい》短袴《たんこ》のいでたちで出現し、コップ酒を飲みながら平和論を展開した。席上、卓上のトンガラシを取って食い、その辛さに驚いて飛び上がり、かといって吐き出しもせず、大騒ぎをやった。彼はポロポロ涙を流しながら「これはレーニンよりも酷いです。私は泣いています」と釈明した。

話を聞いた滔天は「上出来だ」とほめたそうだ。

故郷の風景

その年の夏、滔天は二番目の実姉築地トミの病気見舞いで故郷に帰った。トミが脳溢血で倒れたと聞いて、ツチが深川不動尊で占ってもらったところ、「病気は長引く」と出たため、滔天は神田に下宿していた兄民蔵を誘って翌朝八時発の特急列車に乗った。

次の日の午前九時下関着。連絡船で海峡を渡り、門司から急行列車で大牟田まで、その先は普通列車に乗り換えて長洲駅で下車。こころ逸《はや》れば随分な道のりではある。そこから徒歩二十分、六栄村の姉の家へと急いだ。トミは近くの親戚の家で寝ていた。兄弟が病床に駆けつけたとき、トミは意識を回復して危篤状態を脱しつつあった。やっとひと言ことばを交わして、荒尾の実家に戻ったのは三日目の夜だった。

滔天が生家の敷居をまたいだのは、衆院選に立候補して以来、実に五年ぶりのことだ。「家は破れ傾きても忘れ難きは生家なり。甥姪の喜びも道理なれど、我が胸中の喜びや言い難し……」とある。

トミの容態が安定したころ、宮崎兄弟は村の旧友を招いて小宴を催した。中に医者がいて、滔天に「まず生涯酒を飲まぬという決心が必要です」と余計なことをいい、姉の病状については「大丈夫です。皆さんの看護のお蔭で必ず元通りの健康に復されます」と断言した。途端みんな緊張が解けたようで、その場でまどろむ者もいた。

八月十五日は田舎の旧盆である。一族そろって先祖の眠る万田山の麓を目指して山路を伝った。もともと宮崎家の墓地は有明海の磯辺にあったが、大正三年（一九一四）の津波に呑まれたため、家長たる民蔵は父が別荘地とした山腹のここ大谷に移葬していた。みんなで花を手向けて墓前に額づき、そのあと付近の小丘松林を散策した。有明海の眺望に炎暑も忘れて感動の声をあげ、夕日の落ちるころ家に戻った。水を浴びてホッと一息、横になって煙草を吹かしているところへ、酔っぱらった農夫がひとり迷い込んできた。乙松という滔天の小学校時代の友だちである。

前田ツナ（右）と滔天の娘節子

彼は出された茶碗酒を一気に煽って、でも、どこかに正気を留めながら訴えた。「貴君等はいつ金持になるとかな、村の者はそればかり祈って居るばな、いつ涼しい風を吹かするかな、老少不常ばな、私どもはア待ちきらん」「一体如何考へとるかな、話なっとして聞かせなさい。余り太か事ばかり考へとるけん、奥さん達ア難儀させ、村の者な待ちきらんで死んで行く、貴君等でん、死に際になって儲けたチ、仕様も仕方もあるみやアがな、それとも金は要らんとかな、要らんなら要らんで好かばッてん、百姓はどうして呉るゝとかな、一生働いても飯や食へんばな」（『出鱈目日記』）。滔天も民蔵も返す言葉がなかった。

滔天はその夜、甥を連れて有明の磯に出て、なぎさに寝転がって潮騒を聴いた。あたりの墓所一帯では盆提灯が灯され、焚火が燃え盛っていた。彼は時の経つのも忘れてぼんやりと、幻想的な光景を眺めつづけた。

蚊帳の外

東京の自宅に戻ったのは八月二十七日だった。「近頃奇跡とも云うべきは」と、滔天にして大仰な驚きで始まるのは、自分の留守中に家の増改築が始まっていた話である。もとは黄興の厚意で造られた、いわば恩賜の家である。それが家長に相談もなく工作されようとしていた。驚かない方がおかしい。それまでの貧窮生活を思えば、家族が一つ屋根の下で暮らせるだけで十分ではないか。

ただ欲をいえば、この家は冬向きにできていて夏の風通しが悪いため、炎暑の苦しみは堪えがたいものだった。過日この家を訪れた客人は汗を拭きつつ「この家は涼しそうで暑い家じゃな。直ちに北壁を打ち抜くべし」といい、浪花節の雲右衛門にいたっては、自分で材木を運び込んできて勝手に作業に取り掛かろうとした。実現しなかったのは、彼がその矢先に死んでしまったからにほかならない。そして今度は息子たちが「鬼の居ぬ間に」とばかりに決起した、ということだ。

長子龍介はその春、大学を卒業して、片山哲、三輪寿壮、星島二郎らと日比谷に法律事務所を開業したばかりだった。聞けば、某篤志家が「お子たちが成長したいま、あのままではあまりに窮屈」と資金を融通してくれたのだという。龍介が卒業記念に取り組んだロシア作家の翻訳本が折よく出来上がったころで、その弾みもあったろう。「家長はまったく蚊帳《かや》の外」というのが、楽しい。子どもたちに「改造にあたって老人は邪魔なり。若者の果敢に俟《ま》つべきのみ」といわれると、滔天は返す言葉もなかった。

余談ながら、新旧造作の継ぎはぎ工事で北側の壁を打ち抜いたため、夜間の盗難に備えて家族が交替で寝ずの番をすることになった。龍介は多忙のため、節子は日々の勤めがあるため番外として、次男の震作が夜なかの一時まで、ツチが四時まで、滔天がそのあと夜明けまで、と分担した。ともあれ、日々の作業は親子夫婦激論のうちに進められ、便所を座敷から切り離したことだけが滔天の功績だった。「ウサン臭い元老はすべからく政府から切り離すべし」という持論が実現したと滔天は喜んだ。

仲秋のころ新居は完成した。三十坪の破れ平屋を増改築し一部二階建て二間を増しただけなのに、王侯の気分になれたのは結構なことだ。床の間に書画骨董を配して、新居はひとまず整った。借金整理は後回しである。

広東行

大正十年（一九二一）春、滔天は久しぶり中国の旅に出た。親友の萱野長知が率先した。萱野もまた大陸浪人の一人。古くからの熱烈な孫文ファンで、今回も孫文に会いたくて、唐突に広東行を持ち掛けたところ、滔天が二つ返事で応じたということだ。船の都合で神戸出港は十日後になったけれども、滔天が香港、広東の地を踏むのは二十四年ぶりとあって、はやる気分を抑えるのに苦労した。三月一日神戸を出港、六日正午上海に着いた。

埠頭に降り立つと、居正《きょせい》が迎えに来ていた。彼は辛亥革命時、山東革命軍の責任者として萱野と苦労を共にし、次女は萱野の養女として育てられた。あいさつもそこそこに居の車でフランス租界に住む革命派幹部の楊《よう》家に案内された。戴天仇《たいてんきゅう》ら懐かしい顔ぶれが待っていた。早速、食卓を囲む歓迎晩餐会である。ただ、滔天は病気のため、萱野は信仰のため、まともな乾杯ができないのが残念だった。

宴が終わって、滔天と萱野は昔なじみの勝田館に入った。ひと風呂浴びて特注の鯛茶漬を食っているうちに、旧友の吉住医師や「上海日日新聞」の宮地社長らがやってきた。翌朝、亀井一郎（和尚）が滔天に「当地では君を宗教的に誤解していますぞ」というので、「誤解で結構。弁ずる要なし」「ただ『日本は神国、外国は獣の国』とする偏狭な神さまは信じない」と笑い飛ばした。

滔天は前年の大正九年（一九二〇）を通して上海日日新聞に「高田村人」の筆名で『出《で》鱈目《たらめ》日記』を綴っていて、その終盤で、日本の二つの新興宗教、大本教と大宇宙教について事細かに書き込んでいる。それが中国の日本人社会で興味をそそったらしい。滔天と萱野は戴天仇らの歓迎を受けた後、袁世凱に三年近くも監禁されていた、かつての「民報」編集長、章炳麟《しょうへいりん》を訪ねているが、土産は大宇宙教始祖の悉陀羅《しつだら》の手になる霊書だった。章は滔天らの話に「奇々怪々」を連発して喜んだという。

章炳麟

大宇宙教

悉陀羅の俗名は堀才吉といい、明治二十三年（一八九〇）、熊本植木町の豪農堀善三郎の二男として生まれた。善三郎は西南戦時、滔天の長兄宮崎八郎らと協同隊を組織して薩軍に投じ、自由民権運動に関わった人物である。ところが、才吉は活発な父に似ず、小学校半ばで学業を放棄してしまう。その後、野菜栽培などを手伝っていたが、近くの観音堂参拝が日課となって信心を深めるうち、不動明王の霊告に導かれて京都を訪ねた。そして、清水寺あたりで一丈余の観音に出会い、霊示を受けるとともに珠玉を賜った、ということだ。植木に戻った才吉は庭内に小さなお堂を造ってその珠玉を供養し、観音霊示の経文を拝写する日々を重ねた。

滔天がこの話を兄民蔵から聞いたのは、その数年後。滔天は熱心な法華経信者の萱野を誘って、東京木場町の材木屋の奥座敷に籠っていた才吉を訪ね、六十万の漢字が詰まった経文の霊解書を見て大仰天した。一瞬の霊示を得れば、人智の及ばぬ霊文書を生むばかりか、精緻を極めた曼荼羅も現実になる。これがきっかけで、滔天が信徒の代表格となって大宇宙教の道場を開く話が進み、佃島の居留地にあった洋館を買い取った。道場が開かれると、庶民ばかりでなく、斯界の権威者が少なからずやって来て、実際に悉陀羅の超能力に魂消《タマゲ》たのだった。

ついでながら、明治二十年代に丹波福知山の出口ナオが突然神がかり状態になって大本教という宗教が生まれたが、いまや信徒七十万という話が伝わって、滔天の好奇心を大いにくすぐった。ナオ婆さんの内なる神の言葉が無学文盲の筆先に現れるということで、二代目教祖の婿、王仁三郎によって解読された一部が公開されたのである。大本教は日本神道の国之常立神《くにのとこたちのかみ》を祭神とし、悉陀羅の方は印度仏教の観音如来を本尊としている。真理は一つとすれば、どちらが本道でどちらが外道か。

滔天は大いに悩んだ末、わが家に初めて神棚と仏壇を祀った。学生時代にキリスト教の洗礼と棄教を体験し、その過程で荒尾の実家から神仏を追い出して以来の出来ごとだ。流浪生活では思いも寄らないことだが、いまそこに、神仏がほのかな装いで姿を見せているのだ。これを等閑《とうかん》に付しては罰があたると、滔天は慄いたであろう。宮崎家の位牌はツチがずっと手箱に保管していた。大正九年（一九二〇）の師走、大本教の霊媒者を自宅に招いて、神棚のお祓いと降霊会を行った。

その鎮魂の最中に突然、五年前に死んだ雲右衛門の生霊が現れた。滔天がつい「どうしていましたか」と問うと、生霊は「結構なところにいる。安心してくれ」といい、「死後もよくしてくれるからお礼に来たのじゃ」と話した。次いでツチが「お母さんはどうしていますか」と夫人のことを聞くと、「アレも結構なところにいる」といった。雑談も少々。そして雲右衛門はお茶を所望し、飯椀でグイと飲み干して消え去ったのである。滔天には初めての体験だったが、彼はこうしたことは既成の宗教宗派でもあるとして「神慮は畏《こわ》し。人々は神に降伏すべし」と綴ったのだった。

上海勝田館の朝飯になった。注文通り大好物の鯛茶漬が運ばれて、滔天は四椀、萱野は五椀を食った。ついでに紹介すれば、彼らの船が門司に寄港したときも、町食堂でそれぞれ鯛茶漬を五、六椀食い、船に戻る途中でまた汁粉屋に立ち寄っている。ともに禁酒の身とはいいながら、前代未聞の「偏食ぶり」に自身も驚いた。広東便の出航を見送りに来た勝田館主人には、帰途も鯛茶漬を忘れるな、と念を押す周到さだった。

海は穏やかで、乗客は甲板に出て踊ったり歌ったりして船旅を楽しんだ。滔天と萱野はもっぱら船長の話し相手だった。話は次第に高揚し、催眠術から大本教、大宇宙教に及び、昼飯を告げるドラ鐘でやっと現実に引き戻された。なるほど、霊的な世界には時間も空間もないから、話は永遠に尽きないのだろう。上海を出て四日目、三月十一日早朝、われらが汽船は九龍の桟橋に横付けされた。対岸は思い入れの深い香港である。広東行の船は夜になるので、とりあえず香港のホテルでまた鯛茶漬を食い、風呂に入り、身支度を整えて内陸へ向かう船客になった。

滔天（右）と萱野（『宮崎滔天全集』）

孫軍司令部

翌朝、広東に着いた。気心の知れた何天烱《かてんけい》兄弟に迎えられ、孫文を訪ねた。孫文は前年末広州へ入城し、暫定的な軍政府を設置していた。いずれ彼は正式な政府を組織し大総統に就任して、全国統一へ向けて北伐に乗り出すことが期待された。

道中に見る街並みは思った以上に整備され、賑わっていた。かつて黄興が決死の殴り込みをかけ、史堅如《しけんじょ》が爆裂弾を投じた総督官邸は、時を経ていまは広東軍司令部と表札を代えていた。

孫文は郊外の邸宅で、詰襟服に威儀を正して、満面の笑みで遠来の客を迎えた。そして固く手を握り、「日本はいかがです」と口を開いた。彼は頭山満、犬養毅はじめ知己友人の動静に強い関心を示した。あとは雑談。「私は三民主義（民族、民権、民生）をさらに徹底したい。親米云々の疑問があれば、それは日本政府のハラひとつ」と、いわくありげだった。その間にも多くの客が控えたため、滔天らは小一時間で席を立った。

二人は何天烱の家で昼食をご馳走になり、亜洲旅館に入った。翌朝早く何がやってきて、鄧鏗《とうこう》参謀総長の家に案内された。鄧は背広姿で待っていた。彼が垢面弊衣《こうめんへいい》の革命戦士だったとき以来の対面で、滔天も萱野も少々面食らった。そのまま本人の案内で、車は黄花岡の聖地へ向かった。道中、革命戦で散った少年史堅如の像に頭を垂れ、次いで大きな土饅頭の前に出た。何の話では、ここに黄興とともに総督官邸を襲撃して戦死した七十二烈士が葬られている。滔天も萱野も経緯をよく知るだけに、あらためて往時を偲び、時の流れに想いを馳せたのだった。

その夕、二人は孫文の夕食会に招かれ、こちらも悉陀羅霊写の達磨《だるま》画を持参した。集まったのは、胡漢民《こかんみん》や汪兆銘《おうちょうめい》ら民報社以来の知人ばかり。とはいっても、いまはそろって孫文政府の要職にある。滔天は、萱野も当然そうなのだが、生気はつらつとした中国勢に接して、時の流れに思いを馳せたのだった。

滔天が「明日の便で帰国の途につく」と告げると、彼らは口々に引き留めようとした。が、孫文は「中国で見たところを日本の友人に話してください」とさりげなかった。これを受けて滔天は「お世辞にも、モ二三日と言わぬ孫君の意中には、更に千万無量の味がある」と書き残している。察するに、彼らはこの三日きりの広東旅行でこれまでにない寂寥感を覚えたのではないか。宴のあと、宋慶齢《そうけいれい》（孫夫人）による茶菓の接待を受けて、深夜、旅館に戻ったが、二人とも簡単には寝つけなかった。

次の日、滔天らは広東を離れた。その船上、滔天は軍閥の陳炯明《ちんけいめい》に会えなかったことを「唯一の遺憾」とした。陳は広州入城の立役者で、軍政府陸軍部長と広東省長を兼ねる実力者。連邦制と県長民選を主張して足元の政治改革を優先しようとしたのだが、孫が軍政府を正式政府に改めて北伐による全国統一を急いだために、陳との間に溝ができたというのが実情だ。彼は孫文の大総統就任にも消極的だった。滔天と萱野はそんな空気を察しながら、帰国の途についたのである。

孫文は先を急いだ。滔天らを見送った直後の四月の話になる。彼は国会非常会議で大総統に、北伐案が可決されるとともに陸海軍大元帥に就任、大本営を設置して中国統一へと踏み出した。と見るや、思いもよらず陳炯明が軍事クーデターで応じ、孫文と総統府への攻撃を始めたのである。孫文はほうほうの体で英艦に護られて上海へ逃れたのだが、この混乱の中で宋慶齢は初生児を流産したという話も伝わっている。

孫文が広州に大元帥として復帰するのは、滔天没後の大正十二年（一九二三）二月になる。

話を戻そう。滔天らの上海の宿は勝田館である。まずは鯛茶漬、となったのは約束通り。この帰国便待ちの時間に、章炳麟から悉陀羅へ返礼の揮毫を託されるはずだったが、章がすっかり忘れていてドタバタしたのは、彼らの格好のみやげ話になっただろう。おまけに滔天は風邪熱に取りつかれ、旅館に一週間ほど籠ることを強いられた。自宅に戻ったのは大正十年（一九二一）三月末日だった。

その秋、滔天は珍しく、というより、おそらく初めてのことだが、妻ツチと娘の節子を伴って、伊勢に始まる西日本の旅に出た。「友人の至情」がこの旅に誘ったようだが、それにしては恐ろしく急ぎ足の旅だった。

九月四日午後、伊勢神域に入った滔天親子は人力車を雇って外宮内宮を巡り、感極まった印象を残して、次の日は奈良へ向かう。そして「委細は後日」に回して、京都の駅前旅館に入った。滔天は祇園島原にはくわしいものの、人力車が案内した西本願寺から北野天満宮、金閣寺、旧御所、知恩院、清水寺、三十三間堂などは初めて見るものだった。これで車代ひとり四円は安い。ただ桃山御陵に参詣できなかったのは残念だった。このあと山陰へ移り、出雲大社にお参りして米子へ戻って、そのあたりで娘節子を帰京させ、滔天夫婦は山陽線を使って故郷の荒尾へ向かっている。

久しぶりの実家では、当主民蔵は不在だったが、一族郎党あげての歓待ぶりで滔天夫婦は体調を狂わせるほどだった。ところが折悪しく、隣村の姉婿が病死する不幸と重なって葬儀に巻き込まれ、荒尾を離れるときは稲穂が黄ばむ季節になっていた。帰途は筥崎宮と厳島神社を巡って、十月初め帰京した。

青天の霹靂《へきれき》

そこへ降って湧いたのが「白蓮事件《びゃくれんじけん》」だった。長男龍介と歌人柳原白蓮（伊藤燁子《あきこ》）の恋愛問題である。

白蓮は伯爵柳原前光《やなぎはらさきみつ》の妾腹の子で、大正天皇と従妹の間柄。時を経て九州筑豊の炭坑主伊藤傳右衛門の妻になるという、それだけでも数奇な人生だのに後年、七歳も年下の龍介と駆け落ちする展開になった。

大正十年（一九二一）十月二十二日、「東京朝日新聞」の紙面は「同棲十年の良人《おっと》を捨て　白蓮女史情人の許に走る」「筑紫の女王伊藤燁子、傳右衛門氏に絶縁状」などの見出し記事で埋まった。大特ダネである。記者は龍介の学友で、早くから事件の展開を見守っていたらしく、白蓮の三行半《みくだりはん》が傳右衛門の手元に届くころ合いを見計らって紙面化に踏み切った。記事は世間の耳目を集めて、世論は沸騰した。

「朝日評論」（コラム欄）は「結婚に対する我国人の因習的思想と慣行とを改むるの急務なることを痛感する。（中略）各人はそれぞれ自己の生活に対して独立の判断と見識を有すべきもので、今回の事件を今更の如く自身の境涯に引較べて、濫《みだ》りに思想の動揺を来たすが如きは、自身にとっても良人に取っても甚だ有害無益なることを、一般の若き妻女の為に申し置く」と警告した（『朝日新聞社史』）。

同棲十年の良人を捨て
白蓮女史情人の許に走る
最後の手紙
宮崎君の告白
夫人の行方
處女の誇り

白蓮と龍介の駆け落ちスクープ報道。（「東京朝日新聞」大正10年10月22日付）

龍介が白蓮と知り合ったのは在学時。雑誌「解放」の編集主任をしていたころ、出版社大鐙閣《だいとうかく》の依頼を受けて九州・別府に白蓮女史を訪ねていた。「解放」に掲載された白蓮の詩劇「指鬘外道《しまんげどう》」が好評だったため、その出版と上演化について自ら相談に出かけたのだが、このころの彼の行動が仲間内で妙にくすぶったようなのだ。そのうち「宮崎は怪しからん」という空気になり、ついに母体の学生自治組織「新人会」から締め出されることになった。

宮崎龍介は、卒業後、片山哲らの法律事務所に関わった。仕事はともかく、翻訳本を出版して父親を喜ばせたのもそのころだ。それが一転、姦通罪にも問われかねない事件の発覚である。燁子はすでに龍介の子を身籠っていた。国粋派は一大不遜不敬行為だと騒いだ。さすがの滔天も動転して言葉を失った。

燁子ははじめ、龍介が慕った東京中野の弁護士山本安夫に匿《かくま》われていた。彼もまた侠気に富んでいたようで、新聞で事件が表沙汰になるのを待って、自らその事実を公表し「伊藤から白蓮をちゃんと貰い受ける」と断言した。「人権問題」の観点を強調したのが新鮮だった。

結局、伊藤、柳原両家の間で話し合いがつき、傳右衛門は離縁に合意した。山本はこれを確認した上で、燁子を滔天の許にあいさつに行かせている。

国粋派の壮士が絡むこともあったが、傳右衛門が離婚を承知したことで騒ぎはなんとか収まった。他方、国会では宮内大臣の責任が問われ、柳原家の当主は貴族院議員を辞めている。燁子の出奔事件はもはや、一女性の恋愛という領域をはるかに超えていた。

龍介は実家近くに小さな家を借りて、燁子と密やかな同棲生活を始めた。主婦としての手ほどきは、梅屋庄吉の妻が担当した。滔天も戸惑いながら「どうしようもなくなったら、お前たち二人で心中してもいい。線香ぐらいは仏前にオレが立ててやる」といった。ツチもおそらく「ここまで来たら、最後まで頑張らなきゃ」くらいのことは、いっただろう。

燁子はその後一時期、柳原家に幽閉される身となったが、関東大震災のどさくさに紛れて龍介のもとに戻った。義父滔天はすでにこの世から消えていた。太平洋戦後、彼女は龍介との間にできた息子香織を戦死させた体験をもとに「悲母の会」をつくって平和運動に取り組み、のち視力を失う悲運に見舞われながらも、夫や娘に支えられて穏やかな晩年を送った。


話を戻して。龍介が「新人会」と決別したとき、彼らが寝座《ねぐら》とした黄興邸は、管理者の宮崎家に戻された。宮崎家を代表して交渉にあたったのは次男震作だった。当然のことながら、息子たちの成長によって滔天の存在が薄らぐのはやむを得ない。「お経三昧《ざんまい》」の記事も見える。実際、白蓮事件はもとより住宅改造についても、滔天の出番はほとんどなかった。

とはいえ、彼の日常は知人友人との交際に追われ、その多彩な交友は「年譜」（「滔天の足あと」参照）によって察することができる。亡命ロシア人セリセフの寄食は異色ではあったが、彼が中国にこころを留め続けたことに変わりはなかった。

宮崎龍介と燁子（左端）の家族。長男香織（右端）、長女蕗苳（「ウィキペディア・コモンズ」より）

生涯初めてで最後となる夫婦水入らずの参宮旅行から戻った滔天はいきなり「白蓮事件」に巻き込まれ、その心労も加わってか、体調は悪化の一途をたどっていた。腎臓病の再発に加え心臓や肝臓にも異変を生じ、かかりつけの医者に「あと一年の命」と宣告された。その最中、次男震作は兄に先駆けて結婚し、娘節子も四つ年下の甥、民蔵の次男と恋仲になった。挙式は滔天の死の直前に行われた。二番目の姉トミが亡くなったのも大正十一年春先のことだった。

一幻大聚生居士

悉陀羅創始の大宇宙教の道場が滔天らの尽力で佃島に開かれたことは、先に触れた。道場が開かれると、一般大衆ばかりでなく、東西本願寺、永平寺等の教学関係者はじめ宗教学者や心理学者らが次々とやってきた。道場はおおいに賑わった。滔天は体調不良に苦しみながらも、知人友人を片端から大宇宙教に引き込み、信者例会を取り仕切っていた。と、ある日突然、悉陀羅に「大捨一乞《だいしゃいっこつ》」の霊示があった。「道場を捨てて身を寄せるところを乞え」という意だと、彼は理解した。信徒総代の滔天は「私宅に上人様をお迎えいたす」といった。

滔天夫婦は大正十一年（一九二二）五月三十一日、悉陀羅を自宅に迎えた。大宇宙教の月例会も滔天宅で開かれるようになった。滔天が病んで衰えを悟ったころである。夫婦は朝のあいさつはもちろん、師の帰りが遅くなっても丁重に迎えた。悉陀羅は「仏凡一如《ぶつぼんいちにょ》 師弟一致《していいっち》」のことばで、人間はかくあるべしと説いた。滔天に「大活《だいかつ》」の居士《こじ》号が贈られた。

滔天はその年十二月六日午前一時三十分、自宅で妻子に見守られて生涯を閉じた。夜中の十二時少し前、ツチの悲鳴で龍介が枕元に駆け付けると、滔天は床の上に起き上がり、「悪魔が来た。この野郎」と怒鳴って、意識を失った。医者が人工呼吸を試みたものの、小さく般若心経《はんにゃしんぎょう》を唱えながら息絶えた。持病の腎臓病に尿毒症を併発していた。

戒名は「一幻大聚生居士《いちげんたいしゅうせいこじ》」。葬儀は十二月八日、自宅で行われた。家の内外は花輪花束と供物で埋もれ、弔問客が長蛇の列をなした。孫文の弔電は上海から届いた。「トウテンメイケイ（滔天盟兄）ノシ（死）ヲカナシム。ソンイッセン（孫逸仙）」。中には「証　一金全部　右正ニ相済申候也」と認《したた》めた、酒屋の借金帳消し書状も交じっていた。

導師は悉陀羅が務めたが、出棺の折、彼自身が涙にくれて、経文はまったく声にならなかった。遺骸は落合火葬場で荼毘《だび》に付された。

一幻大聚生居士（滔天、最晩年のころ）

長男龍介は、取材記者に対して「父は近来、熱心な宗教研究家になって、心霊の革命を策しておりました。体が丈夫になったら、いま一度支那に渡り、大伽藍を建立して支那の青年と大いに談じて、精神革命をやるといっていました」と話した。

葬儀があわただしかったせいか、知友人の追悼の辞を確認できないのは残念である。あらためて滔天を偲ぶよすがに、『三十三年の夢』（岩波文庫）から終生付き合いのあった人物の文章の一部を借用させてもらう。

「君見ずや人生擾擾《じょうじょう》として一場の夢なるを、富貴功名何んぞ論ずるに足らん、大隠は市に隠れ、小隠は村に隠る。人間《じんかん》更に有り隠外の隠、清濁を併せ来って乾坤《けんこん》を吞む。噫吁《ああ》彼も一時なり此も一時なり、清時須らく先ず芳樽《ほうそん》を伴うべし。今夜対酌して襟《むね》の煩を滌《すす》がん、更に一杯を傾けて春温を作《な》せ……」

（吞宇　清藤幸七郎）

「宮崎寅蔵君なる者は、今の侠客なり。識見高遠、抱負凡《ぼん》ならず。仁を懐《おも》い義を慕うの心を具え、危きを拯《すく》い傾けるを扶《たす》くるの志を発し、日に黄種の陵夷《りょうい》（衰退の意）を憂え、支那の削弱を憫《あわれ》む。しばしば漢土に游《あそ》びて以って英賢を訪い、不世の奇勲を共に建て、興亜の大業を襄《たす》け成さんことを欲す……」

（孫文・逸仙）

盟友　萱野長知の思い出話

「支那の第一革命前、風雲児黄興が亡命した当時、黄の親子を引き受けて世話をしていた。当時の彼はひどい貧乏で、豆腐のお殻《から》を常食のようにしていたが、黄にはどう工面したものか兎に角、米の飯を食わしたが、倅《せがれ》の一欧にはやっぱりお殻を食わせ、自分の倅《せがれ》龍介と兄弟のようにして置いた。黄は大飯食いで大分困った様子だった。近所の米屋でも酒屋でも借りつくしたが、ただ豆腐屋の売り子だけは毎日々々お殻と豆腐をおいていった。それが積もり積もって六十円の借金になった。その売り子が徴兵に合格して入営する時、さすがの宮崎もひどい工面して、その借金を全部払った。それから、この革命の大立もの黄興と孫逸仙の手を握らせたのも宮崎であった」

（滔天全集『年譜』）

＊　＊　＊

関東大震災が起きたのは、翌大正十二年（一九二三）九月一日だった。真昼のことで、関東の沿海部は火の海となり、津波や土石流も重なって死者十万五千余に上った。佃島の大宇宙教道場は跡形もなく消えた。

悉陀羅はその時、故滔天家で臥せていた。その日は朝から頭痛がして築地に出向くことが出来なかったという。彼はあらためて「大捨一乞」の霊示を心に刻み、「一同が驚きを以って悟った大事件でした」と述懐している（『宮崎滔天全集』月報5）。霊験あらたか、といわなければなるまい。

孫文は大正十四年（一九二五）三月十二日、北京で死亡した。五十九歳。肝臓がんだった。彼の遺体を納めた霊柩は、北京中央公園で市民の供養を受けたあと、郊外の香山碧雲寺、そして南京東方の紫金山中山陵へと移された。その都度、何十万もの人が野辺送りに出たと伝えられた。

ツチは昭和四年（一九二九）六月一日、南京で行われた孫文の奉安大典に招かれ、龍介、震作とともに参加した。民蔵の妻ミイも同行した。五月二十二日、一行の搭乗船が長崎に寄港した折、ツチは地元紙の取材を受けて次のように話した。

「シナへはこれで三度目でございます。孫文さんと私らとは親しい間柄でした。孫文さんが日本へ亡命される際には、官憲の圧迫がひどかったので、密かに忍んで来られていました。孫文さんはほんとに徳の人で、革命成功の暁もその昔も変わらず、成功したからといって何ら、威張られるような点はありませんでした。その徳が孫文さんを成功に導いたものと思っています」

この旅立ちに先だって、「東京毎夕新聞」がツチの口述をもとに「支那革命の思出」を十一回にわたって掲載した。これを束ねたのが「亡夫滔天回顧録」という。小文でもしばしば参考にさせてもらったが、惜しいことに、辛亥革命のあたりで話は途切れてしまった。「(そのあと)面白い事柄も多々ありますが、くはしい事は他日に譲ってこれだけに致しておきます」。おそらく「東京毎夕新聞」は、式典に参加するツチの出立がにわかに切迫したせいで、連載を断たざるを得なかったのだろうと推察する。ツチの「回顧録」の続編は、残念ながら見当たらない。

孫文奉安大典に出発するツチと龍介(右)、震作(左)

ツチは昭和十七年（一九四二）十二月二十三日、波乱の生涯を閉じた。七十二歳だった。戒名は「日月《にちげつ》慈慧院《じけいいん》救世《きゅうせい》大宙《だいちゅう》位《い》」。悉陀羅が名付けた。あとに膨大な歌が残された。晩年の作から。

いささかの　思ひの露を　このふでに　染めて残さむ　ながからむ身の
なきあとも　ただ安すかれと　祈るなり　我が一族の　すへ思われて
津ながる　まはる三世の大車　引かるるままを　吾が玉の緒は

あとがき

どうにか終点にたどり着いたようである。本書の出来具合はどうあれ、自分で「宮崎滔天」を書いてみたかった。やっと宿願を果たした気分である。九州人にとって滔天はおそろしく魅惑的な人物で、彼の着流しの裾くらいには触れることができたと思えば、それでもう十分である。

滔天関係の書籍はたくさんある。その中の一番手はなんといっても、本人がつづった『三十三年の夢』（岩波文庫）。浪曲師の桃中軒雲右衛門に弟子入りするところで物語は終わるのだが、それを若い日に読んで、どうしてこんなに面白い人生を送ることができたのか、それが不思議だった。今でもその思いに変わりはない。

実は二十年前、縁あって熊本に腰を据えたとき、荒尾の滔天生家跡に「宮崎兄弟の家（資料館）」が造られたことを知った。さっそく訪ねてみると、小ぶりな白壁土蔵造りの棟の中に、四兄弟の資料がいっぱい詰め込まれていた。長兄八郎、一兄民蔵、二兄彌蔵と、そして寅蔵こと滔天。彼は戸籍の上では第十一子八男の末っ子なのだが、早世した兄たちを抜いて男兄弟の四番目に納まった。展示場はその末弟が圧倒していた。本宅の復元座敷では、滔天夫婦が座卓をはさんで孫文から何やら教わっている場が設えられていた。
でもそのとき、私は西郷隆盛に殉じた長兄八郎に魅かれ、『西南記伝』などをもとに彼の足跡を九州山中にたどった。今にして思えば、その行程は滔天の「戦記」に従っていた。それは、八郎の生き残り戦友がてんでに持ち寄った話を、滔天の筆に任せた気配だった。そうでも考えなければ、九州深山の斬り合いや鉄砲戦が、戦士の雄叫びや息遣いを伴って、あれほど生々しく後世に伝わるはずがない。滔天の文才は、それこそ大陸的というか、おおらかな人柄とともに、仲間うちによく知られ、頼りにされただろうことは、おおよその見当がつく。

かくして私は、茫洋とした滔天に取りつかれた。何はともあれ、彼の前半生の自叙伝ともいえる『三十三年の夢』を文庫本で読み返した。あらためて面白い。とくに面白いところには、私の生来のクセで書き込みを入れたり傍線を引いたり、それも通りいっぺんでなく二重三重に、しかも多彩色でやるから、ついには手垢と一緒になって本は背の部分からばらけ、見るも無残な紙片の散乱となる。そこでまた同じ本を買う。いま手元にあるのは岩波文庫の三冊目。これ以上、乱雑に扱うとバチが当たる。

あとは勢いに任せて、文献を漁るのみ。話の源泉はいわずもがな、『宮崎滔天全集』(平凡社)である。全五巻。随分な貫目になる。とても個人で揃えるようなシロモノでないから、図書館の世話にならざるを得ない。当初しばらくは熊本県立図書館に通った。あらまし資料のありかを確認したころ、思いもかけず、あの地震(平成二十八年四月)に遭遇して、図書館は閉鎖されてしまったのである。進退極まった。

考えてみれば、私の「滔天」は、家人にも見放された勝手道楽である。震災後、わがパソコンも混乱していた。これを「天の啓示」と悟って、別の生き方に舵を切る好機だったかも知れない。見渡すかぎりブルーシートに覆われた家並を見て、自分でも「滔天どころじゃなかろう」と思ったのも確かである。でも、街が元気を取り戻すにつれて私の中に滔天が舞い戻ってきた。幸い近くの熊本大学図書館が健在で、『宮崎滔天全集』も書架に納まっていた。私は、孫年代の学生たちに気兼ねしながら、こんどは昼寝抜きで、わりと行儀よく利用させてもらった。複写機の操作も上達した。

正直いって、滔天をわがものにするのは大変むずかしい。本人は自分のことを「先天的自由民権家」と称しているが、端的に「侠客」といった方がわかりやすい。『三十三年の夢』自序によれば、彼は幼いころから、気が滅入ると「『親分、頼む』の声さえかけりゃ、人の難儀をよそに見ぬちょう男伊達、人にゃほめられ女にゃ好かれ、江戸で名を売る長兵衛でござる」という祭文の一節が口ぐせになっていた。おとなになってもこの性分は抜けず、人さまから「祭文語りになっていたらば、世界一になっていたものを」と冷やかされたそうだ。

百年もむかしの人物である。時代も違えば生活感覚も異なる。ことば遣いもいまとかなり違って、難しい。ときには滔天自体が忌まわしく思われて、縁切りしようと思ったのも二度三度ではなかった。だけど、そこで突き放せなかったのは、やはり滔天が面白かったからである。

それを支えてくれたのは、いうまでもなく諸先輩の業績だった。なかでも上村希美雄氏や渡辺京二氏、榎本泰子氏らの著作には、素人の「つまみ食い」を許さない重みがあった。原稿を閉じたあとではあったが、加藤直樹氏の大作も登場した。それらにも増して、荒尾市宮崎兄弟資料館の冊子『夢翔ける　宮崎兄弟の世界へ』は、単なるガイドブックを超えた魅力にあふれていた。私はここにいたって、エライ世界に迷い込んだものだと後悔したけれども、いまさら後ずさりするのもシャクで、日暮れの山道をトボトボ歩きつづけたのだった。

■荒尾宮崎家　家系略図（本書に関わる主な人物系図）

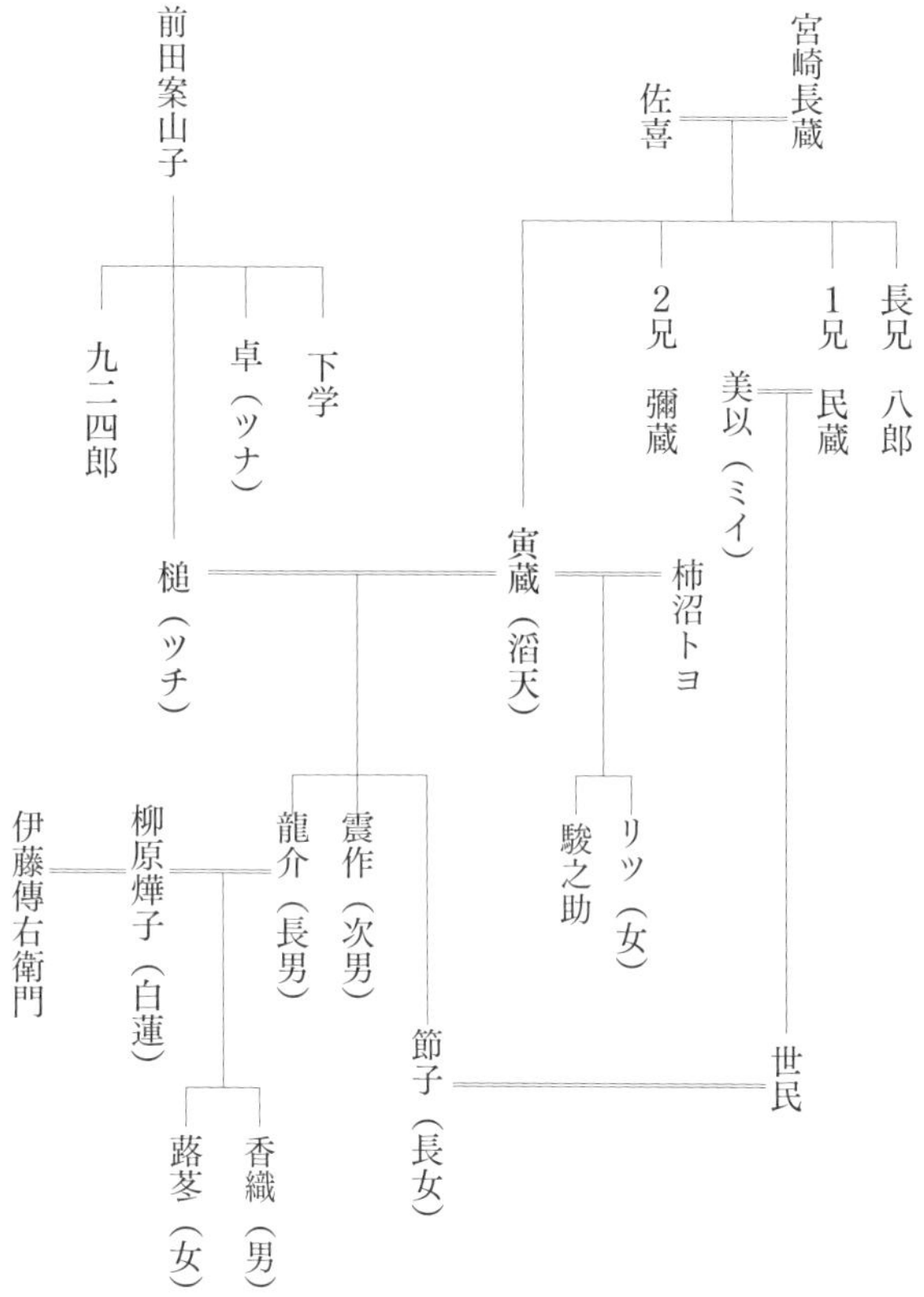

■参考文献・資料

『宮崎滔天全集』（平凡社）

第一巻　▽三十三年之夢（二六新報、国光書房）▽落花の歌（革命評論）▽孫逸仙（同）▽湖南行▽広東行（筆名　六兵衛）▽清日革命軍団▽支那革命物語

第二巻　▽東京より（六兵衛）▽軽便乞丐▽亡友録

第三巻　▽狂人譚（不忍庵主）▽独酌放言（白寅学人）▽炬燵の中より▽出鱈目日記（高田村人）

第四巻　▽乾坤鎔廬日抄（雲介）▽宮崎滔天氏之談▽銷夏漫録▽朝鮮のぞ記▽近状如件▽久方ぶりの記▽旅中漫録▽参宮紀行（高田村人）▽熊本協同隊▽暹羅《シャム》行▽国是問答▽東京だより

第五巻　▽宮崎滔天（築地宜雄）▽亡夫滔天回顧録（宮崎槌子）▽槌子夫人歌稿（抄）

『三十三年の夢』宮崎滔天著　島田虔次・近藤秀樹校注（岩波文庫）

『宮崎兄弟伝　日本篇　上』『同　下』上村希美雄（葦書房）

『宮崎兄弟伝　完結篇』上村希美雄（宮崎兄弟伝完結篇刊行会　熊本出版文化会館）

『評伝　宮崎滔天』渡辺京二（書肆心水）
『宮崎滔天　万国共和の極楽をこの世に』榎本泰子（ミネルヴァ書房）
『謀叛の児　宮崎滔天の「世界革命」』加藤直樹（河出書房新社）

『日清・日露戦争』原田敬一（岩波新書）
『北一輝』渡辺京二（朝日選書）
『孫文　近代化の岐路』深町英夫（岩波新書）
『孫文革命文集』深町英夫編訳（岩波文庫）
『袁世凱　現代中国の出発』岡本隆司（岩波新書）
『章炳麟集　清末の民族革命思想』西順蔵・近藤邦康編訳（岩波文庫）
『「草枕」の那美と辛亥革命』安住恭子（白水社）
『筑豊一代「炭坑王」伊藤傳右衛門』宮田昭（書肆侃侃房）
『夢　翔ける　宮崎兄弟の世界へ』（荒尾市宮崎兄弟資料館）
『「草枕の里」を彩った人々　桃源郷・小天』（熊本県天水町）
※『宮崎龍介告白手記「私と妻、白蓮のこと」』（文藝春秋二〇一四年八月号）
※『時代を象徴する白蓮事件』（朝日新聞社史　大正・昭和戦前編）

■滔天の足あと

▽**明治4年**（1871）1月23日（旧暦明治3年12月3日）熊本県玉名郡荒尾村で出生。父長蔵、母佐喜の第11子、8男。名は虎蔵（寅蔵）▽**10年**（1877）西南役。長兄八郎、戦没▽**12年**（1879）荒尾村伊倉小学校入学▽**17年**（1884）熊本県立熊本中学校入学▽**18年**（1885）大江義塾（徳富蘇峰主宰）に転学▽**19年**（1886）上京。東京専門学校（早稲田大学）英語科入学▽**20年**（1887）番町教会で洗礼を受ける。母佐喜も入信▽**21年**（1888）正則熊本英語学校に入学▽**22年**（1889）長崎・カブリ英和学校に転学。キリスト教を否定。棄教。外人イサク・アブラハムと知り合う。長崎製糞社の奇説怪論に染まる。熊本小天の前田家へイサクに同行▽**23年**（1890）前田家の3女ツチと婚約。

▽**明治25年**（1892）上海渡航。数月で帰国。ツチと結婚。兄弟で家産分けして荒尾に家を構える。長男龍介誕生▽**27年**（1894）単身上京。金玉均（朝鮮政客）往訪。帰郷。ツチ、熊本市で下宿屋開業。金玉均、上海で暗殺さる。金の追悼会（東京）。渡辺元を往訪。次男震作誕生。朝鮮で東学党の乱。日本、朝鮮派兵▽**28年**（1895）函館の杉谷タマ、銀座「伊勢幸」の渡辺元に大陸潜入の助力を乞う。広島移民会社の代理人としてシャム渡航。2兄彌蔵は横浜中華街に潜行。年末、帰国▽**29年**（1896）熊本の下宿屋廃業。末永節らと再度シャムへ。事業断念し帰国。2兄病死。品川の葬儀に参加。政治家犬養毅、中村弥六らと面会▽**30年**（1897）犬養、中国事情調査の機密費支給を約束。4月長女節子出生。陳白に会う。7月香港渡航。孫文の動静を探る。9月平山周と帰国。横浜で孫文に面会。孫文、都内居住を特別許可さる。熊本荒尾村

の宮崎家来泊。

▽**明治31年**（1898）「九州日報」記者。孫文の「幽囚録」を翻訳連載。犬養の求めで平山周と中国へ渡る。戊戌政変勃発。康有為、日本亡命。滔天同道▽**32年**（1899）孫文と康有為、提携ならず。康、カナダへ向かう。ポンセ来日。フィリピン独立軍の武器調達に奔走。中村弥六に接触。香港へ出帆。武器輸送中の布引丸沈没。忠和堂興漢会の結成に参画。横浜在の孫文に会長印を届ける。中国革命の支援活動活発▽**33年**（1900）孫文フィリピン軍の武器譲受け。滔天、九州で資金集め。康有為との提携模索。香港で平山周らと蜂起計画打ち合わせ。孫文の生命保障などを条件に孫・李鴻章会談受け入れ。劉学詢邸で会談条件合意。6月末シンガポール着。康有為、面談を拒否。寅蔵らの刺客説流布。康に絶交状を送る。清藤とともに逮捕拘留さる。裁判ののち保安妨害により5年間国外追放。送還船佐渡丸で孫文らと再会。香港政庁、5年間追放命令。帰国。9月孫文、清藤らと台湾密行。10月孫革命軍、広東省恵州で蜂起。孫文に台湾追放処分。中村弥六の非行暴露（布引丸事件関連）。

▽**明治34年**（1901）犬養邸で内田と口論負傷。不忍庵主「狂人譚」、雲介「乾坤鎔廬日抄」を新聞連載。妻ツチに浪曲師志願を告白▽**35年**（1902）「二六新報」に『三十三年之夢』連載開始。桃中軒雲右衛門に弟子入り。「桃中軒牛右衛門」の芸名で営業鑑札を取得。単行本『三十三年之夢』を国光書房より発刊。『狂人譚』発刊。神田で浪曲初公演▽**36年**（1903）雲右衛門一座九州初興行に尽力。博多で不覚の初公演。師匠と不和になる。長崎の楽屋で愛人柿沼トヨ出産。佐世保で柿沼母子と同居。この間『明治国姓爺』を「二六

新報」に連載▽**37年**（1904）柿沼母子と帰京。伊藤痴遊一座に加わり浪花節修行。寄席に出演。亡命してきた黄興と知り合う▽**38年**（1905）ツチ家族そろって上京。柿沼母子と別れ、本来家族で新宿番衆町に借家生活を始める。孫文欧州より来日（黄興と初顔合わせ）。孫文歓迎会盛況。「革命三尊」による中国同盟会結成。機関誌「民報」発行。義姉前田ツナ上京、編集所に住み込み新聞発行と留学生の生活を支える。

▽**明治39年**（1906）「革命評論」創刊。柿沼トヨに第2子誕生。「民報」一周年記念大会▽**40年**（1907）孫文離日。同盟会内紛、表面化。「革命評論」10号で休刊。伊藤痴遊らと浪花節巡業に出る。孫文より中国同盟会の在日全権委任状を受ける▽**41年**（1908）小石川に転居。「民報」発行停止▽**42年**（1909）「滔天会」（浪曲）北陸、関西地方巡業。母佐喜急逝につき郷里へ直行▽**43年**（1910）黄興蜂起連絡で急ぎ帰京。内情探査で中国へ渡る。道中で吐血。帰国。孫文、ドクター・アロハ名で来日、滔天宅に潜伏。政府の退去勧告で離日▽**44年**（1911）広州黄花岡の戦闘、黄興負傷。次いで武昌蜂起。辛亥革命となる。香港で孫文出迎え。同行して上海に帰着。新政府の借款問題で尽力。

▽**大正元年**（1912）**※この年7月30日明治天皇逝去、元号を大正に改める。**孫文、南京で臨時大総統就任。中華民国成立。宣統帝退位。袁世凱に大総統譲位▽**2年**（1913）日本に孫文を迎え各地訪問に随行。荒尾の生家に案内▽**3年**（1914）高田村に新居建築。「韜園《とうえん》」と命名。孫文、東京で中華革命党結成▽**4年**（1915）日本、対華21ヵ条要求。衆議院議員選挙に立候補するも惨敗▽**5年**（1916）黄興死去。雲右衛門死去。妻ツチ、上海生活を始める▽**6年**（1917）黄興の国葬に参列、湖南旅行。ロシア革命▽**7年**（1918）禁酒と安

静の生活に入る。時事評論「東京より」を「上海日日新聞」に連載。孫文を箱根に案内。友人と群馬・湯古屋に湯治。朝鮮旅行。腎臓病再発▽**8年**（1919）「炬燵の中より」を「上海日日新聞」に連載。朝鮮で三・一運動。中国で五・四運動。上海旅行、長男龍介と往路同伴。弘前旅行（山田良政建碑式参加）。孫文、中華革命党改め国民党総理となる▽**9年**（1920）「出鱈目日記」を「上海日日新聞」に連載。大本教に関心。年末、大宇宙教の開祖悉陀羅を訪ねて帰依▽**10年**（1921）萱野長知と広東行。軍政府に孫文訪問。秋、妻と長女とともに伊勢、京都参宮旅行。夫婦で荒尾へ。縁者の葬儀に参加。筥崎宮、厳島神社等を巡って帰京。龍介がらみの「白蓮事件」で世論沸騰▽**11年**（1922）悉陀羅、滔天宅に寄寓。滔天の病状悪化。12月6日午前1時30分死去。戒名「一幻大聚生居士」。

※「宮崎滔天全集・年譜稿」ほか参照

■著者略歴

山本 博昭（やまもと・ひろあき）

昭和12年（1937年）北九州市生まれ。

昭和36年（1961年）朝日新聞入社。

那覇支局長（沖縄特派員）、サイゴン支局長（ベトナム特派員）、
論説委員、西部社会部長、読者広報室長等。

平成7年（1995年）熊本朝日放送入社。社長、会長等。

熊本市在住。

著書に『雑文集　蛇の目のから傘』（熊日情報センター、2009年）、『近代を駆け抜けた男　宮崎八郎とその時代』（書肆侃侃房、2014年）がある。

宮崎滔天《とうてん》伝 人生これ一場《いちじょう》の夢

2018年3月31日　第1刷発行

著　　者　山本 博昭
発 行 者　田島 安江
発 行 所　株式会社書肆侃侃房（しょしかんかんぼう）

〒810-0041
福岡市中央区大名2-8-18-501
TEL 092-735-2802　FAX 092-735-2792
http://www.kankanbou.com
info@kankanbou.com

装丁・DTP　黒木 留実（書肆侃侃房）
印刷・製本　株式会社インテックス福岡
©Hiroaki Yamamoto 2018 Printed in Japan
ISBN978-4-86385-304-1 C0095

落丁・乱丁本は送料小社負担にてお取り替え致します。
本書の一部または全部の複写（コピー）・複製・転訳載および磁気などの
記録媒体への入力などは、著作権法上での例外を除き、禁じます。